你好，
情绪！

给幼儿教师的
情绪指南

黄翯青　著

漓江出版社

桂林

图书在版编目（CIP）数据

你好，情绪！：给幼儿教师的情绪指南 / 黄翯青著. --
桂林：漓江出版社，2024.1
ISBN 978-7-5407-9620-4

Ⅰ. ①你… Ⅱ. ①黄… Ⅲ. ①幼教人员－情绪－自我
控制－指南 Ⅳ. ①G615-62

中国国家版本馆CIP数据核字(2023)第219564号

你好，情绪！——给幼儿教师的情绪指南
NIHAO，QINGXU！——GEI YOU'ER JIAOSHI DE QINGXU ZHINAN

作　　者　黄翯青

出 版 人　刘迪才
策划编辑　杨　静
责任编辑　杨　静
助理编辑　滚碧月
封面设计　宋　涛
内文设计　周泽云
责任监印　黄菲菲

出版发行　漓江出版社有限公司
社　　址　广西桂林市南环路22号
邮　　编　541002
发行电话　010-85891290　0773-2582200
邮购热线　0773-2582200
网　　址　www.lijiangbooks.com
微信公众号　lijiangpress

印　　制　香河县闻泰印刷包装有限公司
开　　本　880 mm×1230 mm　1/32
印　　张　8.5
字　　数　190千字
版　　次　2024年1月第1版
印　　次　2024年1月第1次印刷
书　　号　ISBN 978-7-5407-9620-4
定　　价　56.00元

推荐序

嚣青从读硕士开始就一直围绕情绪和共情展开研究，工作以后更是积累了丰富的幼儿教师情绪胜任力的成果。很高兴看到她为幼儿教师带来的新书——《你好，情绪！——给幼儿教师的情绪指南》。

知识的获得，从未如当今这般便捷，但如何激发人的认知活力、塑造人的生命品质、培育完整和幸福的人，成为全球教育面临的共同挑战。课堂不仅是知识传递之所，更是情感孵化、精神滋养和人格塑造之地。情绪工具从教师教学的附属品，一跃成为课堂的核心之一。从这个意思上来说，知识和技能是育人的内容载体，情绪则是育人的场景主角。

从教书到育人的教育目标转向，对教师提出了新的要求，情绪能力成为教师专业素养的重要组成部分：一方面，优秀的教师需要拥有健康的"内部工作模式"，能有效地调节自己的情绪，获得内心的平衡；另一方面，教师的情绪贯穿学生知识和能力获得的全过程，对塑造学生的学习品质和培养学生的社会交往能力发挥着不可替代的作用，教师需要有效地运用情绪的力量来引领和促进学生的发展。

本书正是从这样的视角为我们诠释了教师提升情绪素养的方法。本书没有长篇大论的理论阐述，而是以雪夜烹茶、推心置腹的方式，关心教师的感受，关心教学和生活中的"小事情"，关心教师的烦恼和幸福。阅读这本书，本身是减压的。同时，这本书也提供了方法学的支持，将很多情绪研究的前沿理论落地为可操作的、游戏性的练习，支持教师们在"事上学，事中练"，在自然和真实的教学和生活中和情绪交朋友，为教师和我们的孩子提供情绪支持。

当然，提升情绪素养不是一朝一夕之功，对幼儿教师来说，应当"育人先育己"。教师需要自觉地提升自己的情绪素养，丰盈自己的内心世界，重塑自己的情绪价值逻辑。此外，教师还需要不断提升自己的情绪影响力，用充满情绪智慧的方法观照学生的情绪世界，实现以情育德、以情促学、以情健心。

苏彦捷

（北京大学心理与认知科学学院教授、博士生导师）

目 录

理论篇
走进幼儿教师的情绪世界

I

方法篇
幼儿教师如何提升情绪能力

实战篇
幼儿教师如何获得深度的幸福

提升篇
关于自我和他人的哲学思辨

理论篇

走进幼儿教师的
情绪世界

一位幼儿教师的"情绪日记"

6:00 太阳还没有钻出云彩，我已经起床了。我必须用最快的速度做早饭，叫醒孩子，送她到学校，再赶紧去幼儿园开始工作。这是一个交通拥堵的城市，等我到达幼儿园时，已经7:15了。

7:30 孩子们陆陆续续来到幼儿园。我和同事也已经做好准备，调整好心情，迎接宝贝们的到来，一定要把最美好的微笑送给小天使们。我热情地帮他们将书包放到门口的架子上，教他们如何摆放整齐。

8:30 早餐时间。我正为孩子们盛早餐，看到点点，我的心头一软——这个孩子总是闷闷不乐，爱一个人玩，于是我让她当我的小助手，给大家发勺子。冉冉吃饭最慢，但是我不打算喂他，我陪着他，鼓励他多吃一个小豆包。

9:00 早操时间。我带孩子们愉快地在韵律中伸展胳膊腿。我觉得此时我特别像一只领头的大雁，充满信心和活力。而这时，我的同事保育员小刘正在给小朋友们准备温开水。

9:30 教学活动开始了，今天我给大家带来的是《三只蝴蝶》的语言课。虽然这一节课我准备已久，驾轻就熟，不过今天还是遇到了新的问题。点点说："老师，为什么红蝴蝶不能躲在小黄花下面呢？小黄花真小气。"我快速做出反应，将语言课和我们的社会课相结合，对原来的课程进行了调整。

11:00 午饭时间开始，给孩子们盛好饭菜后，我仔细观察孩子们吃饭，小班的孩子吃饭还不熟练，我需要给一些不主动吃饭的幼儿喂饭。饭后，要照顾生病的孩子，耐心地给孩子喂药，这些环节不能有丝毫的马虎。

12:00 孩子们开始午休。我帮助孩子们脱外套和鞋子，盖好被子。趁着午间休息，我参加了园里的教研会。

14:00 孩子们起床的时间到了，他们有的尿裤子，有的鞋穿反。我和同事们分工，为孩子们穿上备用的裤子，将尿湿的裤子进行清洗、晾晒，给长头发的女孩梳漂亮的小辫子……一切整理好后，孩子们开始吃下午餐。

14:30 是孩子们的区域活动时间。我在建构区观察孩子们的建构游戏，同时重点关注强强等几个小朋友。强强最近攻击性行为比较频繁，需要得到更多的关注和引导。

16:00 放学的时间到了，我和孩子、家长亲切告别，并且借助放学的短暂时间，和家长沟通了部分孩子的教育问题。

这是一个幼儿园教师日常的一天。幼儿园的工作琐碎又繁杂，喜悦、惊奇、担忧、焦虑、紧张等多种多样的情绪参差交错在幼儿教师的工作时光中。有时，情绪是我们工作的助燃剂，让我们富有激情，能量饱满；有时，情绪是我们工作的绊脚石，我们会受到情绪的困扰，甚至因为情绪的问题而方寸大乱，问题频发。作为幼儿教师，我们的情绪不仅与自身的主观体验密切相连，也和我们的教育成效和工作效果密切相连。从这个意义上说，幼儿教师的工作就是典型的情绪劳动，情绪出现在幼儿教师工作的方方面面，也出现在幼儿教师生活的方方面面。因此，我们需要不断地提升自己调控情绪的能力：对内，不断调整和丰盈我们的情绪世界；对外，学会如何恰当地表达情绪感受；最终，我们才能够用好自己的情绪——用情绪来激活课堂、温暖孩子、联通家长……

其实不仅是幼儿教师，所有人的生活都与情绪有着千丝万缕的联系。多姿多彩的情绪是人重要的组成部分。人们生活的每时每刻都在与情绪共处。如果说情绪构成了一个万花筒，我们在情绪的复杂性和多样性中也看到了生活的复杂和多元。情绪其实就是我们的生活，我们每时每刻都处在一定的情绪状态当中，没有人能将情绪从生活中剥离出来。情绪是我们一切心理活动的背景，我们在回忆、展望，抑或是在经历每一件事情时，都带着不同的情绪色彩。

作为幼儿教师，我们的情绪具有更加重要的意义，幼儿教师需要格外强调自己的情绪素养。今天，借由这本《你好，情绪！——给幼儿教师的情绪指南》，让我们一起走进情绪的花园。我们不仅将了解不同的情绪及其源起，还能够发现情绪影响生活的方式，并找到一条借由情绪优化工作和美化生活的路径。希望所有的幼儿教师，都能够看到这座情绪花园中的奇丽景象，能够意识到情绪中所蕴含的强大力量。愿君多采撷。

心理学家对人类情绪进行了大量探索。为了让幼儿教师们更好地理解和掌握情绪，我们需要从情绪最基础的知识说起。因此，在第一篇即理论篇中，我们首先来了解情绪是什么、情绪分为哪些类型、情绪中包含哪些成分。

:

第一章

:

情绪，你好

1. 情绪万花筒

清晨，眼帘随晨光掀起，世界万物都带着自己的色彩投入人们的心中；夜色降临，当人们进入梦乡，情绪也依然在意识的深处渲染人类梦境的颜色。每时每刻，人们都处在一定的情绪状态中。情绪的产生就像呼吸一样自然，当我们看向世界时，世界就是一个情绪的万花筒，随着我们的际遇更替，渲染出不同的生命底色。

可情绪到底是什么？情绪折叠和包含了多层信息。试想这样的一个情景：你一开门，发现门口的蔷薇开了，满院芬芳，你的心也立刻融化在这一片春色中。你舒展开紧皱的眉头，微笑不知不觉地"绽放"在你的面颊上。与此同时，你的身体也发生了奇妙的变化，大脑内的神经调节物质乙酰胆碱分泌增多，皮下血管扩张，使你看起来容光焕发，自信满满。再试想另一个情景：一会儿公开课就要开始了，可是你准备好的 ppt 却打不开。你是不是会清晰地感受到那种叫作"慌张"的情绪正在袭来，心中有一个声音不停地说："糟了！"你的表情也会立刻改变，"慌张"写满你的面孔，同时你还会感到手足无措。不论你是否意识得到，你的身体都随之发生一系列的变化——心跳加速、瞳孔放大，血液当中的肾上腺素和去甲肾上腺素等激素迅速增加……看，就在这一瞬间，我们能清晰地发现情绪的三种成分——表情、主观体验以及生理反应，它们联系紧密，牵一发而动全身。

知识拓展

姿态表情背后的含义

人类拥有非常丰富的表情。除了面部表情之外，身体的姿态和动作也是一种表情。你知道姿态表情背后的含义吗？

☐ 身体略微倾向交谈的对象，表示对对方比较尊重或者对对方的话题比较感兴趣；

☐ 微微欠身，表示谦恭有礼；

☐ 身体后仰，表示若无其事与轻慢；

☐ 侧转身子，表示厌恶和轻蔑；

☐ 背朝对方，表示不屑理睬；

☐ 十指交叉，拱手放在脸前，表示有敌意或不满意；

☐ 十指交叉，大拇指相顶或转圈，表示进退两难；

☐ 两手指合拢向上，表示高傲或自信；

☐ 搓手，表示焦虑、无奈、信心不足；

☐ 背手（一只手握住另一只手的腕、肘、臂），表示在隐藏其内心的沮丧无力或紧张；

☐ 双臂在胸前交叉，表示想缓解紧张与矛盾的心情，以达到防御、镇定与伪装的作用；

☐ 摸鼻子，表示思考，以掩盖撒谎或心情紧张；

☐ 挠头、脖子，表示犹豫、束手无策、迟疑或怀疑；

☐ 拍打脑袋，表示自我谴责或不安；

☐ 扶眉骨，是下意识的遮掩动作，代表羞愧和内疚；

☐ 双手紧握并相互摩擦，是典型的自我安慰的姿态，通常是为了在不自信时，使自己安心。

　　人类有多少种情绪呢？就像我们无法数清楚天空中有多少颗星星一样，我们也无法彻底弄清楚一个人究竟能体验到多少种情绪。人的一生会经历浮沉、离合等不同的境遇，也会相应地感受到悲欢、忧喜等不同的情绪。人类有多少种境遇，就会有多少种情绪。情绪既是大千世界在我们心灵空间留下的标签，也是我们的心理对世界的回应。但为了不迷失在纷繁的情绪中，哲人与科学家都曾对情绪进行分类，为情绪的星空绘制星图。我国古代有"七情六欲"的说法，将万千情绪归为喜、怒、哀、惧、爱、恶、欲七种基本情绪的混合与衍生。古希腊哲学家亚里士多德则把情绪分为欲望、愤怒、恐怖、欢乐和怜悯五种。在众多为情绪分类的学说中，美国心理学家普拉切克（Robert Plutchik）建构的模型清晰、简洁，是最有影响力和说服力的情绪模型之一。普拉切克将人的基本情绪区分为恐惧（fear）、惊讶（surprise）、悲痛（sadness）、厌恶（disgust）、愤怒（anger）、期待（anticipation）、快乐（joy）和接受（acceptance）八种。这些情绪互相混合产生了各种组合。一种基本情绪不仅可以与相邻情绪混合而产生某种复合情绪，也可以与相距更远的情绪混合而产生某种复合情绪……例如，接受与恐惧混合会形成屈从的情绪，爱、愤怒和恐惧的混合则会形成嫉妒，烦躁是疲累、厌恶和烦恼情绪的混合，不安是恐惧和担忧的混合……

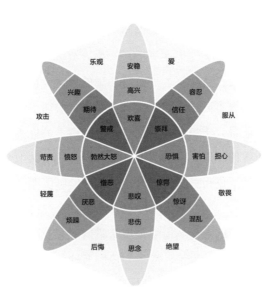

普拉切克的情绪模型

　　人类拥有这样繁复璀璨的情绪星图，既是漫长时光里演化的结果，也是人类发展和学习的结果。

　　从物种演化的视角看，早期物种对刺激往往只有最原始的反应，它们还没有获得真正的情绪；随着演化的推进，爬行动物、鸟类等拥有了原始的、简单的情绪，它们受到威胁时会炸毛或龇牙，或扬起上身做出攻击姿态。哺乳动物的情绪系统往往更加繁杂，猫和狗等宠物甚至能和主人交流喜、怒、哀、厌、惧等基本情绪。在人类近亲黑猩猩的脸上，也可以看到和我们类似的各种基本情绪。

　　从个体发展的视角来看，情绪的世界也是逐渐丰富起来的。人之初，小婴儿仅仅拥有喜、怒、哀、厌、惧等最基本的情绪。

这些基本情绪是每个孩子与生俱来、无师自通的，大自然将这些情绪法宝赋予幼小的孩子，帮助他们适应这个复杂的世界。而随着孩子不断成长，积累经验，体验世事，他们的情绪世界也不断分化，日益复杂，直至拥有一个繁复而多元的情绪世界，其中蕴含着复杂的情绪符号和多元的心理需求。我们有多少经验和需求，就会有多少种情绪；我们有多少语言和词汇，就会有多少种情绪。

2. 情绪的作用和功能——积极情绪和消极情绪

人们习惯于将情绪贴上"积极情绪"和"消极情绪"的标签：把那些让我们感觉良好的情绪称为"积极情绪"，如平和、愉悦；而把那些让我们体验不佳的情绪叫作"消极情绪"，如恐惧和愤怒。在这种观念下，人们往往就会对情绪感到抗拒，尤其是被贴上消极标签的那些情绪，人们常常觉得它们是人类理性的拖油瓶，是幸福生活的敌人。这种情绪分类方法太过简单、粗暴。只有透过浅层的感受看向深处，才能真正理解情绪对于生命的意义。我们一起来看看下面这个故事。

一个女孩，遭遇了生活的挫折和情感的背叛，她选择将自己封闭起来，痛苦、孤独、愤懑等情绪如潮水般涌来。她备受情绪的折磨，于是向上天祈祷说："神啊，请求你，将所有孤独、悲伤、痛苦……一切一切不好的感受都带走！"

神听见了女孩的祈祷，满足了她的愿望，将所有消极情绪都从她的世界里清除了。

接下来会发生什么呢？

由于没有了痛苦的感觉，女孩每天横冲直撞，把自己撞得遍体鳞伤也没有感觉；由于没有了孤独的感觉，她每天沉溺于一个人的世界，拒绝朋友，拒绝亲人，毫无交流的欲望，武断地拒绝和外界的一切交往；由于没有了悲伤的感觉，她变得铁石心肠，不顾父母的感受，我行我素，甚至做出残忍的行为……

这个故事是否引发你的深思？积极情绪的作用往往很容易理解，因为所有人都向往美好和幸福。但消极情绪对人们的作用似乎就不那么"一目了然"。通过这个故事，我们会发现，"删除"消极情绪，并不能让生活变得更美好，甚至可能会导致我们生活的紊乱和生命的危机。每一种情绪，尽管带给人们的感受有积极与消极的差异，但就其本质而言并无积极和消极之分。每一种情绪从远古演化而来，经历了大自然的磨砺和塑造，已经成为我们生命中无言的捍卫者，以直觉的方式保护我们趋利避害。只不过，不同情绪保护我们的方式是不一样的。

快乐（Happy）

当我们盼望的目的终于达成，就会产生一种绷紧感解除后的轻松、满意。这是一种快乐的感受。当然，快乐家族中也包含着多种不同强度和类型的成员，例如幸福、愉快、兴趣盎然、欢欣、喜悦、惊喜、狂喜……生活中，那些快乐的感觉总是闪闪发光，带着生命的活力和能量。正因为这些快乐的感受，才让人们有力量去面对生命中的挫折和困境，拼尽一切力量度过至暗时刻。这是演化赋予快乐的意义，因此快乐的人往往更乐观，更富有勇气、信心和韧性。为了生存下去，为了生存得更好，人类必须克服很多的困难。大自然母亲巧妙地将"快乐"的芯片嵌入到我们的生命体验中，让我们甘之如饴，奋力坚持，忘情投入，拥有内在的动力，投入每一场生存战斗。非常典型的一个例子就是：母亲繁衍和抚育子女需要付出大量心血，甚至是生命的代价。母爱所构架的情绪驱力，让母亲变得强大和坚忍。当看到孩子满足的笑靥，母亲内心温暖和满足的感觉就会让母亲充满能量，克服所有困难，觉得一切付出都是值得的。

快乐也是建立人际关系的一个重要条件。快乐具有感染性和弥散性，快乐的人会发出一种无声的信号——"我愿意分享""我愿意合作"……快乐的人往往拥有更好的人际关系，在人际网络中处于中心和枢纽的位置。

快乐家族中有一位特殊的成员，被称为"心流体验"。这是和我们关联特别密切的一种积极情绪。什么是心流体验？当你全神贯注地做一件事情，半天时间转眼过去；当你与知己秉烛夜谈，不觉就到天亮；当你全身心运动，挑战自己的极限；当你处于创造的状态中，思如泉涌……如果你曾经历过这些情况，那么你也就经历了心流状态。当我们感到疲惫、厌倦的时候，其实不需要心灵鸡汤的灌溉，只需一次心流体验，就会马上满血复活。不管是工作还是娱乐，体验心流都可以让你进入最佳状态。而它的发现，可以说是一场澎湃的大脑革命。一个人在工作上有所突破或者在研究中有所发现，往往不是在痛苦中被逼着专注的成果，而是在心流体验中甘之如饴的结果。

幼儿教师的心流体验最常发生在与幼儿互动的时候，并且具有感染性。处于心流体验中的教师高度放松和愉悦，全身心地投入与儿童的联结中，从而产生强大的影响力，能够激发和带动幼儿的情绪，使得幼儿也能够获得这种心流体验，这种体验将有助于幼儿多种能力的发展。

> **知识拓展**
>
> 美国心理学家弗雷德里克森（Barbara Fredricrson）提出了"拓展—建构理论"（Broaden and Built Theory），指出积极情绪能够拓展和建构人们的四大资源——身体资源、心理资源、认知资源以及人际资源。这一点在儿童中尤为突出。她通过一系列的研究发现，快乐的孩子具有更好的免疫力、更强的心理韧性，具有认知优势，并拥有更大的人际网络。

悲伤（sorrow）

悲伤是一种关于丧失的情绪，当所热爱的事物丧失、所盼望的东西幻灭时，我们会产生悲伤的情绪。造成悲伤的，往往是人生的转变，比如环境的转换，灾难、丧失。因此我们常常将悲伤看作不幸的同义词，并因此拒绝悲伤这种情绪。人生难免经历离合和起伏，悲伤的情绪也是不可避免的。但是，悲伤也是人类生命不可或缺的一种情绪，悲伤的情绪从内部和外部改写我们的生命体验，并重构我们的生活。

先说悲伤带给我们的内部改变。我们对人生的探索、总结、回顾和反思，这些深沉的思想活动往往会带着一些忧伤的味道。即使岁月静好，为了增加生活的"厚度"，比起肤浅的"寻欢作乐"，人们有时也会主动选择忧伤的氛围并沉浸其中，如听一会儿忧郁的音乐，或看一部悲伤的电影。悲伤的特殊性在于，它往往比其他的情绪持续时间更久，体验也更为深刻。心理学研究发现，悲伤的体验会带来大脑的变化，使人们收集信息和细节的能力变得更强，对事件的记忆也更为深刻。悲伤让人面对现实，并发现当下什么是你真正需要的。

再说说悲伤对我们生活环境的重建。悲伤也在人际交往中发挥着沟通的功能。悲伤情绪就像一泓泉水，既能折射出自己的无助，又能倒映出别人的孤独。一方面，悲伤是一种求生信号，唤起别人的关注和支持。很多关于霸凌的研究都发现，缺乏悲伤情绪的个体往往缺少支持和同盟。在幼儿园中，那些不会表达悲伤的孩子很容易被孤立且成为霸凌的受害者。另一方面，悲伤情绪也能使我们对他人的需要做出反应。那些反社会人格或极度冷酷无情的人往往缺乏悲伤的体验。悲伤情绪的缺位，使得他们无法理解其他人的悲伤，也无法与他人共情。

愤怒（Anger）

如果外界的人或事不断妨碍、干扰、攻击和贬低我们，让我们感受到压抑和挫折，我们就会体验到愤怒情绪。

　　愤怒位列大众心目中的"消极情绪榜单"之中。人们总是希望能够克制和消灭愤怒。愤怒带有破坏性，频发的爆发性愤怒或者对外部世界持有敌对情绪，会损伤我们的健康。愤怒的表达常常也会给人际关系带来消极的影响。所以，我们常常被劝说"忍忍吧"，在这个强调"制怒"的时代，压抑愤怒成为一种无条件选项。但是，忽略愤怒也会带来很多的问题，一味盲目地压抑愤怒会给个人健康和社会安定带来隐患，而适当地表达愤怒反倒有利于个体的生存。

　　愤怒一直扮演着保护神的角色。动物正是因为受到愤怒情绪的驱使，才会恐吓那些企图侵犯自己的个体，并奋起抵抗入侵和掠捕。人类也一样，愤怒能提升我们的力量感，帮助我们守住人际交往的边界，抵抗侵略和霸凌。生活中，不敢发怒的人，也往往不懂拒绝他人，不会表达自己。这种从不得罪人的"好好先生"是真的不明善恶、不辨是非吗？未必。他们只是内心弱小，没有力量，缺少了愤怒情绪的滋养。而那些能奋起捍卫自我、守住边界、伸张正义的人，往往也会让他人感到敬畏。研究发现，那些更强大、更有吸引力、更成功的人，往往更善于释放愤怒。这是因为愤怒有助于表达出我们"被低估"的感情。如果你没有得到你应得的东西，自怨自艾并没有什么作用，适当释放出愤怒的信号才是对自己有效的保护，也才更有可能争取到公平和权益。在我们被侵犯的时候，愤怒能保护自我；被挫败的时候，愤怒能给我们奋起的决心；想退缩的时候，愤怒能给我们前行的勇气。

案例

张园长在幼儿园的安全会议上，强调了幼儿园安全的十项工作，包括环境安全、饮食安全、照护安全等，并突出强调了要对户外场地的若干安全隐患进行整改。但是在讲述过程中，张园长能够明显感受到一些老师对于安全问题不以为意，甚至还有一个老师说："不用那么麻烦，就连区里的安全检查都没有说什么，我们何必那么费事呢？"张园长听着这话特别生气，她重重地敲了一下桌子说："大家严肃起来，我们在这里说的是正事儿。我们的园所中存在安全隐患，难道我们不应该立刻改正吗？难道我们要等着问题出现了再来反省和后悔吗？对任何安全隐患存有侥幸心理，都会毁掉我们自己的。"说完会议室安静了下来，每个人都放下浮躁，认真听园长布置工作。

除了给自己以力量以外，表达愤怒还可以向他人传递信号，形成人际影响力。比如，别人开你玩笑开过火了，你呵呵一笑，就代表你可以接受这样的玩笑，那以后人人都可以这样开你玩笑了；但如果你表达了愤怒的情绪，大家都知道了你的态度，以后也不会再这样对待你。愤怒情绪的表达能够帮助人们明确而高效地传递信号。在上述案例中，张园长的愤怒，其实是在关键时刻给老师们传递了幼儿园的核心价值观——幼儿的安全第一，园所的保教质量至上。

表达愤怒在一定程度上是有益健康的。遇到紧急情况的时候，适度地表达愤怒，会带给人一种掌控感，并令人获得乐观的感觉。而压抑愤怒并不能真正保护自己的利益，反倒会让自己产生无能、无力的感受，增加新的痛苦。过度压制愤怒还会引起一系列机能障碍：愤怒的情绪会转化成一种内心的焦躁，扰乱神经系统，让人变得更敏感、易怒；那些压抑的怒火会转过头来对自身进行攻击。长此以往，我们的身体就该遭殃了。背部疼痛、溃疡、银屑病等，都与长期压抑愤怒有关。由于内心的愤怒没有真正得到解决，人们还很可能会将愤怒发泄在无辜者身上，从而破坏人际关系。因此，我们要避免的只是失控、持续和超限的愤怒，受控且适度的愤怒对人的身心健康有一定的好处。

恐惧（Fear）

当我们企图避免、摆脱和逃避某种情景和结果时，恐惧的体验就产生了。例如，因为害怕考试失败，所以拼命复习；因为害怕受伤，所以远离危险。我们的祖先生存在恶劣的环境中，需要时刻提防未知的风险，恐惧情绪由此演化而成，并根深蒂固扎根于人类的头脑中。在当代，人们依然会由于未知和没有把握而产生恐惧的感受。恐惧是帮助我们适应环境的，它是一种信号，是对身体或情绪上潜在危险的一种本能回应，提醒着你：小心！

恐惧分成两大类型，一种类型叫适应性恐惧，这是一种生物的原始本能。例如，当一个人走在悬崖边缘，会本能地产生后退的想法。另一种类型被称为非适应性恐惧，通常指担忧和焦虑。

焦虑情绪常常以质疑和疑惑的形式表现出来，是非适应性恐惧中最常见、对人影响最持久的一种情绪。焦虑的产生，固然有其外因，例如难以承受的工作压力，发生巨大的环境改变等，但更重要的是内部的原因，例如我们的欲望和期待超过了我们自身的能力，使得我们需要面对巨大的不确定性，从而导致心理失衡。

虽然恐惧从本质上来说是一种保护性情绪，但是如果我们被恐惧情绪"过度保护"了，也会让恐惧的功能从适应性转变成为非适应性。过度的担忧和焦虑会裹挟和束缚人们，让人们丧失探索环境的动力，使得人们寸步难行。所以，我们需要认识自己的恐惧，解读恐惧传递给我们的含义，勇敢而耐心地探索，果敢而慎重地行事，在坚守自持和探索前行中寻得一个平衡。

厌恶（Disgust）

你是否有一些特别不爱吃的食物？比如，有人特别不喜欢香菜，也有人不喜欢肥肉，还有人对大蒜的味道避之唯恐不及……这些回忆是否唤起了你的厌恶情绪？厌恶是一种让人感到反感且非常不愉快的情绪，它包括强烈的躲避倾向以及像恶心、呕吐等明显的身体不舒服的感觉。厌恶往往针对某一特定的事物，例如某一种食物、某一种风格，或者某一个人。

厌恶起源于人类对疾病和毒素的原始排斥，是人类行为免疫系统的重要组成部分。厌恶的这一原始功能在"适应性最大化"①的原则之下与多种因素共同作用，不断泛化，从对食物和气味的反应，逐渐拓展到对社会信息的反应。人类的道德心理与原始的厌恶情绪也有着密切的关系。当我们看到一些人的行为背离了道德的原则和底线，同样会引发我们内心的厌恶感。厌恶让人们避开具有潜在伤害性的人和事，保护人们免于被伤害、感染。

人们都希望自己和在乎的人能够一直保持快乐的心情。于是，我们常常要求自己用快乐打败忧伤、焦虑和恐惧，将那些消极情绪束缚在狭小空间中，压制它们对自己的影响。但是，我们常常会发现这种努力适得其反，反而给了我们额外的压力——我们需要花很多时间和精力假扮成开心的样子，实际却陷入了更加焦虑和忧伤的情绪，甚至可能导致社交退缩。说到底，快乐不是万灵药，"永远的快乐"也是不可能的。我们每一个人都需要独自经历那些负面的情绪，才能逐渐成长为一个独立、自由、理性的个体。心理学实验也证明，过分乐观的思考往往会妨碍我们，麻痹我们的意志，导致更难实现目标。一项心理学的研究表明：听"快乐"音乐的孩子比起听"悲伤"音乐的孩子，在能力测验中的表现要差得多；在减肥开始前就对减肥成果持更为乐观态度的人，反而更容易减肥失败。所以，无论是要达到某个目的，还是要过好这一生，仅仅靠"正能量""乐观"是无法实现的。

总之，春夏秋冬才是四季，酸甜苦辣才是生活。我们的生活正如一杯由多种情绪共同作用、互相调和形成的美味咖啡。尽管

---

① "适应性最大化"是演化心理学中的一个概念。物种的行为和决策，往往是为了自己及种族能够最好地适应生存并进行繁衍。人类的决策为其进化目标服务，因此很多决策是在潜意识之中基于进化痕迹而做出的。

每一种情绪的作用有所不同，但是每一种情绪的缺失都会使得我们的生活缺少相应的价值。大自然这位神奇的调配师已经将情绪五味融合在一起，浑然天成。不论是何种类型的情绪，是积极情绪还是消极情绪，我们都需要以整合的方式去体验，不论是在时间上还是空间上试图割裂这些情绪都是不可能也不可取的。

《头脑特工队》

不知你是否看过《头脑特工队》这部动画电影。这部影片于 2015 年上映，并获得第 88 届奥斯卡金像奖最佳动画长片奖。

这部电影讲述了小女孩莱莉一家因为爸爸的工作变动而搬到旧金山，为此她不得不告别原来的生活环境而去适应新环境的故事。一系列的压力导致莱莉脑中控制欢乐与忧伤的两位情绪小人——乐乐与忧忧，被困在了脑海中，大脑总部只剩下怒怒、怕怕、厌厌三个情绪小人来维持大脑的运转，导致本来阳光乐观的少女莱莉变得叛逆而愤世嫉俗。乐乐与忧忧必须尽快从莱莉复杂的脑中世界回到大脑总部，才能重建莱莉的大脑秩序。

这不仅是一个妙趣横生的故事，更让我们对情绪有了更深刻的理解。情绪不是我们生活的某一个片段，而是构建我们全部生活的基底；情绪不是思维的副产品，它掌控着大脑的指挥中枢；情绪不是问题，而是我们的保护神。

电影《头脑特工队》海报

3. 探索你的情绪风格

　　如果说我们每个人心中都有一座情绪花园，那每个人的情绪花园一定有着迥异的风格：有些人的情绪花园盛开着灿烂的向日葵，有些人的情绪花园则开满芬芳的晚香玉……情绪风格是我们个性的一部分。你内心的情绪花园是什么样的呢？让我们一起来探索属于自己的情绪风格。

心理游戏

绘制你的情绪地图

　　一天有 24 个小时，一周有 7 天。下面的这个表格，就是你即将开始的一周的情绪地图。请你给自己的每一种情绪选择一种颜色的笔进行填色，对自己的情绪进行觉察和记录。

注：你可以按照自己的喜好来选择特定情绪对应的颜色。请将同一个色系的颜色用来对应同一种类型的情绪。例如，你用黄色系来代表开心，那么浅黄色代表淡淡的喜悦，而金黄色代表非常开心；你也可以用黑白色系代表自己从深深的睡眠到清醒的状态。你可以选择你自己喜欢的方式，最重要的是能够充分代表你生活中体验过的各种情绪，从而能让你更清楚地看到自己的情绪地图。

当你用一周的时间完成了自己的情绪地图后，你就可以从这个情绪地图中读出很多信息。

请将那些让你感到不舒服和不开心的情绪都标出来，再将那些让你感到舒服和喜悦的情绪也标出来。数一数，它们都占据了多少个单元，再数一数，它们都有多少种类型。你还可以再回忆一下，这些情绪都是由什么样的事件所引发的，情绪来临的过程中，你心中经历了什么样的想法。

　　通过情绪地图，你可以非常直观地了解自己的情绪风格。一个人常常体验和表达什么样的情绪，就是什么样的情绪风格。我们一次次经历的情绪，以及我们对情绪的解释，会成为我们习惯性的反应，并逐渐成为我们的性格。通过情绪地图，你可以直观地看到你的情绪是消极情绪的色调为主，还是积极情绪的色调占优。有些人的情绪基调是喜悦的，他一般情况下都是开开心心的，喜欢欢快的音乐、电视，和人交流的时候也总是如向日葵般阳光有活力。有些人是典型的忧郁型情绪风格，他们常常有点儿多愁善感，喜欢看悲伤的电影和小说，也偏好那些带点儿忧伤味道的音乐，在他们的情绪地图中，星星点点的忧郁色调遍布一周的时光。有些人则是火爆的愤怒型情绪风格，他们风风火火，常常路见不平拔刀相助，看个电视也常常看得义愤填膺，他们一周的情绪地图中代表愤怒的色彩要远远多于其他人……

　　通过回忆情绪的触发事件，你还可以为自己的情绪花园标注地标。你能够对自己的情绪有更多反思，知道自己在什么情境下比较喜悦和轻松，在什么情境下容易产生消极的反应，这样你会知道自己情绪的触发点在哪里，并回顾自己对情绪的反应和处理方式。

4. 关于情绪的三个真相

　　通过上面的讲述，我们对情绪不再陌生，对于情绪是什么、情绪的类型、情绪的功能等，我们都有了更深刻的理解。这一节我们要谈一谈我们与情绪相处的模式。生活中，很多人想搞定、控制、摆脱甚至消灭情绪。其实，在这些字眼的背后，可以看到人们对情绪的误解有多深。是时候更新一下我们与情绪相处的方式了。今天，我们需要总结关于情绪的三个真相，并总结与情绪相处的三个法则。

真相一：情绪从来都不是问题

　　情绪本身并不是问题，我们如何对待情绪才是一个问题。当我们觉得情绪是问题的时候，很大可能是我们和情绪的相处模式出现了问题。尤其是对待消极情绪，我们往往存有误解，将它看作敌人。但其实，情绪本身只是一个信号，告诉人们生活中存在潜在的风险和问题，并提醒人们去解决问题。就好比一个人发烧了，发烧本身并不是问题，它只是一个症状，它在告诉我们身体出了问题，可能某些地方有炎症，提醒我们积极进行治疗。

　　很多人对情绪误会太深，觉得情绪是洪水猛兽，是破坏者和扰乱者，尤其对那些被贴上消极标签的情绪。当感到悲伤、愤怒或者焦虑时，我们常常下意识地否定它们，觉得我们不应该有这些感受，认为这些感受本身是"有毒""有害"的，拼命想要搞定、控制或者战胜这些情绪。结果如何呢？就像我们的双手无法控制流动的空气一样，我们越是想"控制"情绪，我们对情绪越是无能为力。当我们说要"搞定"情绪的时候，我们其实就错了。为什么呢？因为"搞定"这个词本身就带有否定、拒绝和压制的意味。对情绪的压制意味着和自己的战争，这必将带来自我的损耗——

要么情绪战胜了你，你在情绪冲动之下做出了非理性的行为；要么你战胜了情绪，情绪被你镇压了，但是被压制的情绪并没有消失，问题也没有得到解决，而你却因此耗费了巨大的心力。因此，你与情绪的战争是没有赢家的。

与情绪的第一条相处之道是，放下对情绪的敌对态度，学会与情绪和解。不要将情绪当作敌人，而是将情绪看作一位不善言辞却忠诚、坦率的挚友，学会接受情绪，倾听情绪的声音。

真相二：情绪诚实并且可靠

情绪是一个人身心状态最直接的表象，是我们忠诚、坦率的一位挚友。人生旅程中有顺境也有逆境，有时风光旖旎，有时坎坷泥泞，甚至常有险滩暗礁。情绪总能以最本能的方式呵护我们避开险滩逆流，并最坦诚地反映我们内心的愿望、信念和价值观。有人将情绪看作理性的对立面，认为情绪和理性一定是相悖的。其实不然，情绪和理性共同服务于人，但是二者的特点是不一样的。首先，理性判断往往需要依靠缜密的推理，通常需要更多的时间；而情绪往往带有潜意识和直觉性，能够高效地分析我们所处的情境，所以常常比理性思考更敏锐、更准确，常常不等人们想明白，情绪就已经在内心做出了判断。其次，当面对剪不断、理还乱的局面，理性的思考常常让人陷入当局者迷的困境，此时，情绪反而是能够凸显出最符合我们需求和愿望的选项。只是非常可惜，很多人没有读懂情绪真正传递的意思，而是屈从于情绪带来的感受，从而做出了错误的解读和反应。而如果我们试着理解情绪要传达的潜在含义，就能更清晰地了解自己的处境，在迷茫的时刻做出不含糊的判断。例如，一位教师在思考本学期戏剧教育的选题，她从幼儿园的特点和当前教育的热点等多个方面进行权衡，依然拿不定主意，可是当她无意中翻开绘本《花婆婆》的时候，整个人感觉被触动了，心中的情感一下子丰盈起来，很多灵感都冒出来了。借助情感，这位教师做出了选择。生活中的很多小事都会凸显情绪的这个特点，关键在于我们是不是能够读懂情绪背后的声音。再比如，一位老师发现自己最近常常抗拒上班，一走到幼儿园的门口就觉得压力很大，充满焦虑，因此常常请假，和朋友聊天的时候也总是透露出"躺平""淡出"的想法。她通过情绪地图的方法对自己的情绪做了回顾，发现自己其实并不是对幼儿园工作失去了热情，而是过去一年来自己做出的几次努力都没有回报，各种评优也总是落选，因此产生了一种无力和焦虑的感觉。这位老师在理性的层面无法发现自己的问题，但通过对情绪的探索，她意识到自己内心深处依然渴望荣誉和成就，应当调整战术再出发。

真相三：情绪自带能量

情绪能够放大行为的动机，驱使人们行动起来。情绪的能量是中性的，不分好和坏，情绪就是能量本身。但如何使用情绪的能量，关键在于我们做出的选择。

情绪中包含着巨大的能量和资源，情绪是一位能力卓绝的超人朋友。如果能够调动和运用情绪的力量，你必将如虎添翼。每一种情绪都具有驱动行为的能量。例如愤怒：有人对贫穷的生活感到愤怒，他就会努力进取、改变命运；有人对社会不公正的现象感到愤怒，愤怒让他奋臂一呼。愤怒背后有着对自己的捍卫和期望，如果能懂得自己的愤怒，那我们就会获得愤怒带来的力量感，但如果我们处理不好，随意发泄自己的愤怒情绪，甚至把事情极端化，这样我们就用错了愤怒的力量。再比如说悲伤，感受到悲伤，说明我们渴望得到他人的关注和接纳。如果我们接收到悲伤的信号，就要立刻调整自己的行为，增加自己与社会的互动，寻求社会连接，而不是固守孤独，困于悲伤。再说说恐惧，恐惧时，人们可能因为感到害怕而放弃抵抗，让无力感彻底战胜自己，逃避和回避问题。这时，我们真正要做的是倾听恐惧背后自己真实的心灵诉求，找到让我们不安和恐惧的真正原因——我们并非害怕恐惧情绪，而是害怕当恐惧来临时我们无力应付。此时，我们就能找到行动的方向和动力——未雨绸缪，去直面那些让我们感到不安和害怕的东西。

没有情绪的生活是沉闷的、没有动力的，情感的枯竭势必带来生命的枯萎。每个人的成长都需要克服惰性，走出舒适圈，驱动我们不断挑战自己的动力就是由情绪带来的。对于未知的好奇，对于自我的期待，在挑战困难时燃起的好胜心和愤怒感，在追求极致时充盈内心的愉悦和孤独……复杂交互的情绪形成了人类行为独特的动力添加剂。

我们的情绪是正常的吗？

有时候人们不能很好地与情绪相处，是由于搞不清楚自己此时的情绪是正常的，还是不正常的。判断情绪是否正常一般可以参照如下标准：

每个人都有情绪，正常的情绪通常符合下列几个条件：

1.它是由适当的原因引起的，并且该原因为当事人所觉知；

2.情绪反映的强度和引起它的情境相称；

3.当引起情绪的因素消失之后，反应会视情况而逐渐平复。

而不良情绪则会表现为两种情形：一是情绪反应过于强烈，二是持久性的消极情绪。例如，当我们即将要上台演讲，我们会感到紧张和焦虑，但如果我们的紧张和焦虑特别严重，甚至影响了我们的日常生活，或者持续的时间特别长，时过境迁我们还依然感到紧张，那就说明我们的情绪出现问题了。

:

第二章

:

幼儿教师的情绪世界

1. 幼儿教师的情绪劳动

人工智能时代，很多的职业和岗位都有可能被机器替代。教师职业是否会被机器取代呢？机器学习是否会替代幼儿园的教育呢？

当然不会！机器和电脑可以模拟人的知识技能，却无法替代教师的情感劳动。在机器学习盛行的今天，教师的情绪劳动甚至具有更加重要的作用。教师不是知识的复读机、技能的训练器，教师的工作是育人，教师是灵魂的工程师，教师要培养的是有血有肉、有思想、有情感的人。最触动一个人灵魂的，不是课堂中的知识内容，而是课堂中的教师情感因素——关切的眼神、充满人情味的话语、富有感染力的表情和动作……教师独特的情感是最有效的育人工具，不论多么精妙的机器教学都无法取代教师与孩子之间面对面的教学。

幼儿教师要与情绪化敌为友，需要深刻地了解和认识教师职业中的情绪劳动。情绪劳动这一术语最早出现在社会心理学领域。什么是情绪劳动？很多职业在一定程度上都需要进行情绪劳动。医生面对患者的悲伤和痛苦，需要保持冷静和克制，从而做出医疗决策；一位服务人员，要放下自己的喜怒哀乐，以顾客为中心进行情绪的表达和反应；一个团队的主管，关注团队成员的情绪状态，才能感知并调动他们的情绪。母亲更是资深的情绪劳动者，需要通过关切的眼神、温柔的安抚、温暖的拥抱和敏感的回应，带给孩子满满的爱和安全感。而教师的情绪劳动几乎涵盖了上述全部内容。教师需要同时具备温暖和坚定的特质，内心情感丰富但不会随意投射自己的情绪；能够敏锐地与幼儿共情但不会被幼儿情绪左右；用温暖、包容给予幼儿安全感，用坚定、严格发展幼儿的规则感。成熟的幼儿教师往往具备充沛的情绪资源和成熟的情绪机能，能够将情绪有效地运用在课堂教学和师幼互动中。

然而，教师情绪的重要性却没有得到人们的重视。现代教育更加关注教育过程中外部的、理性的和技术的元素，将教育看作一种线性和理性的模式，而忽视了教师对教育的情绪体验，似乎教师只是一架理性的机器。甚至在很多人心目中，教师凡事都应当深思熟虑、冷静沉着，是不应当带着情绪进行工作的。情绪似乎意味着对教学理性的否定。在这样的思维框架下，教师的情绪往往被公众当作一种"障碍"而要求教师予以拒绝和排斥，甚至连教师自己也对自己的情绪充满拒斥感。当教师的情绪被忽略、否定和排斥的时候，它可能会以一种隐蔽、顽强的方式去影响教师的行为。这也是很多媒体上关于教师负面情绪的相关新闻屡见不鲜的原因。但学校不是工厂，教师也不是流水线操作员。教师情绪，尤其是幼儿教师的情绪，对幼儿的影响非常大，教师情绪是师生共情的窗口，也是儿童活力的助燃剂。

幼儿教师需要对人的状态非常敏感，不仅要理解孩子丰富的情绪，还要预判不同孩子的情绪状态。这要求教师富有情绪力，不仅需要教师具备情绪的知识和技能，能够读懂孩子情绪背后的想法和需求，更需要教师将自己的情绪作为倒影来理解和共情幼儿的情绪。如前所说，运用知识和理性的过程是缓慢的，面对情绪丰富的幼儿，教师需要用情绪与他们联结，才能与孩子的情绪共振。一个情绪枯竭的老师是无法和孩子同频共振的。内心没有多彩的情绪，如何能共情孩子的喜怒哀乐？教师只有通过情绪窗口，看到同一个班级里，面对同一个问题，有的孩子跃跃欲试，有的孩子却充满彷徨和不安，才能为孩子提供不同的引导。

教师情绪是孩子活力的助燃剂。面对未知的世界，孩子们像海绵一样不断吸收、不断成长、不断学习。所有的认知和学习都是要付出努力的，所有的成长和超越都是要突破自我的，对于孩子来说也是一样。心理学家发现幼儿往往通过"社会参照"的方式来决定自己的行为，对他们来说，言语的讲解和鼓励带来的影响远远不及教师情感的带动。当孩子们感受到教师的好奇、投入、喜悦，他们认知与学习的过程也会被注入能量，创造一个又一个情绪体验的峰值。当孩子启动认知"发动机"，开始自己的探索之旅，教师的情绪就是助燃剂。

2. 幼儿教师情绪的特点

教师也是普通人，也有喜怒哀乐，但由于工作任务、工作对象、工作环境及社会地位的特殊性，和普通人群相比，或者与其他学段的教师相比，幼儿教师的情绪具有自己的特点。

首先，幼儿教师这个职业需要大量的情感投入，这是幼师职业最大的特点。幼儿教师往往会将自我情感投入专业实践，把个人和专业身份融为一体。这使得教师对其专业和互动对象（如学生、家长等）倾注大量情感，尤其是对幼儿。这使得幼儿教师具有更丰沛的情绪活力，对幼儿有更大的情绪影响力。但情绪的管道一旦打开就是双向的，幼儿教师也因此更加容易受到其他人的情绪的影响。

其次，情绪的工具性也是教师情感的一个重要特征。仅仅依靠知识的增长和能力的提升，幼儿无法真正地成长。幼儿的成长还需要得到情感的浇灌以及与他人形成社会连接。这些都不是显性的教学能够给予幼儿的。幼儿教师的工作需要大量借助情绪工具，用教师的情绪来实现信息的传递。同时，幼儿心理发展的水平尚处于"无意识"阶段，无法对自己的行为进行有意识的调控，这就需要教师能够熟练使用情绪手段唤起幼儿的注意力、诱发幼儿的动机、激发幼儿的兴趣，实现幼儿情感和道德的内化，帮助他们获得人际的反馈，实现总结和思考。这在很大程度上使得教师的情绪不再为自己所有，而成为课堂和教学的"共有物"。很典型的例子就是，幼儿教师在进行富有活力的户外活动的时候，需要通过给自己的情绪增加动力，提高自己情绪的感染力以达到教学的目的。而在进行创意和建构性的游戏的时候，教师则应该根据情境的需求来调节和使用自己的情绪，以帮助学生更好地聚焦当前的任务。教师不能随心所欲地展现自己的情绪、表达自己的情感，而应更注重情绪在特定情境下的感染力和效果性。

教师情感的特殊性还体现在情感回报的滞后性和不确定性上。人们付出努力，渴望获得成就感和幸福感，教师也不例外。教师的成就感和幸福感往往来自学生的成长，但孩子的成长需要经历一个过程，孩子的成长和教师的付出之间并没有完全对应的正比例关系。幼儿的成长除了受到教师的影响，还会受到家庭以及儿童自身很多因素的影响。尤其面对一些特殊的儿童，教师需要做好心理准备，这些儿童的发展和变化可能会非常缓慢。因此，教师的职业幸福感和成就感往往具有不确定性——并不是教师付出越多，就能够收获越多。幼儿教师需要以极大的爱心和耐心，找到"全心付出"和"静待花开"之间的平衡点。

最后，幼儿教师有一套独特的情绪表达的规则。由于教师的情绪是课堂和园所"公共环境"的一部分，教师的情绪不能随心所欲地表达，而要遵循一定的情绪规则。每一个职业和场所都有自己隐性的和显性的情绪规则。有些规则是教育行业所特有的，例如教育行业赋予教师温暖的、开放的、善意的角色需求，所以教师的情绪符合这些规则的时候，往往能够得到人们的认同，而当教师的情绪表达不符合这些要求，则会出现教师情绪失范，甚至挑战师德底线的风险。

教师的情绪具有鲜明的职业特征，但这并不意味着幼儿教师的情绪有统一的模式和标准。相反，每个幼儿教师的情绪都有自己的风格和特点。有的老师内心柔软、充满慈爱，具有春风化雨的魅力；有的老师活泼开朗，富有游戏性和亲和力；有的老师端正稳重、严格专注、一丝不苟……教师在岗位上成长的过程中，也逐渐形成自己的情绪风格，不论何种情绪风格的老师，都能够实现自己的教学目标和成长。当然，这需要老师能够了解自己的情绪风格，并将自己的情绪风格和教学工作有机结合起来，在教学中提高自己的情绪能力，最终实现育人的效果。

幼儿教师如何提升
情绪能力

　　我们从理论篇中了解了情绪的一般知识，对于情绪的本质有了深刻的理解。在方法篇中，我们将聚焦于如何调节和应用情绪。

　　生活中，我们少不了与他人共处，情绪帮助我们取得自我和他人之间的平衡。情绪能力包含两个方面：一是学会控制和处理自己的情绪，二是应对、处理他人的情绪。方法篇将聚焦提升情绪能力的具体方式和方法，通过三章的内容来进行阐释。首先，我们将解析情绪能力的具体内容；其次，我们将了解如何处理和应对自己的情绪，做好自己的情绪调控；最后，我们将了解要如何运用情绪工具去应对和改变他人的情绪。

⋮

第三章

⋮

幼儿教师的情绪能力

1. 什么是幼儿教师的情绪能力

铺天盖地的媒体宣传都在传递着这样的一个信息——决定一个人成功与否最重要的因素不是智商，而是情商。情商到底是什么？情绪能力真的那么重要吗？我们的情绪能力又如何呢？先让我们从一个测试开始吧。

测一测你的情绪能力

1. 和亲密的人沟通不畅的时候，我很难控制住情绪。

2. 我的喜怒哀乐都写在脸上了，旁人一眼就能看出来。

3. 我的情绪很容易受到别人的影响。

4. 被人误解的时候，我会很着急或者很委屈。

5. 我一旦生气，心情就很难平复。

6. 我常常对未来的事情感到紧张和焦虑。

7. 别人和我对着干的时候，我会有坏情绪。

8. 当陷入情绪的时候，我常常会把人和事想得很极端。

9. 我感觉自己为了不伤和气，常常隐瞒自己的真实想法。

10. 当我陷入烦恼的时候，不知道怎样才能让自己摆脱烦恼。

每回答一个"是"就给自己加一分，请尝试给自己的情绪能力评分：

9~10分：你的情绪能力亟待提升。你常常受到情绪的困扰，不能很好地处理自己的情绪，应对压力和焦虑的能力较差；自我意识差，没有确定的目标，也不打算付诸实践；处理人际关系能力较弱，严重依赖他人；生活无序，责任感低，爱抱怨。

7~8分：你的情绪能力不高。这表现在你容易受他人影响，自己的目标不明确。你善于原谅他人，也能应付较轻的焦虑情绪。但是你往往把自尊建立在他人认同的基础上，缺乏坚定的自我意识，因此人际关系往往不够理想。

4~6分：你的情绪能力处于中等水平。你是负责任的好公民，具有高自尊和独立的人格，能够较好地管理一些低强度的情绪。你比较自信，人际关系较好，能应对大多数生活和工作中遇到的问题。但在一些情况下，强烈的情绪会影响到你的生活，你也容易受到别人焦虑情绪的感染。

0~3分：你的情绪能力很高。在很多社会情境中，你往往能够体现出一系列优秀的特质：具有积极正面的情绪生活，能承受压力；对自己有清醒的认识，自信而不自满；具有良好的人际关系，善于处理生活中遇到的各方面的问题；尊重他人，不将自己的价值观强加于人。

刚才的测试反映了我们对情绪的觉察、应对和应用能力。在情绪能力的诸多同义术语中，心理学家提出了情绪能力的模型，认为情绪能力（情绪智力）包含了 5 个基本维度。心理学家丹尼尔·戈尔曼（Daniel Goleman）是情商研究的先驱，他在《情商》一书中指出，情绪能力包括五个维度。

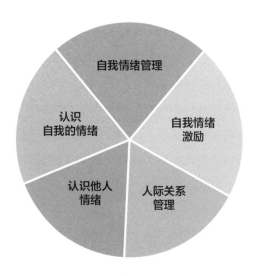

丹尼尔·戈尔曼的情绪智力模型

认识自我的情绪，是五种能力中最基本也最为重要的能力。人们的目光习惯于看向外面，却不清楚自己内在的感觉、情绪、情感、动机、性格、欲望和基本的价值取向。认识自我的情绪又包括对情绪的自我觉察（情绪自觉）、对自我的认同和接纳（自我肯定），以及接纳和实现自我价值的心向（自我实现）三个子维度。

自我情绪管理。我们的情绪状态和目标常常发生分离，例如一位老师刚和家人发生了一些争执，但是她一会儿就要进入幼儿园和孩子们互动。这时候老师们不仅需要调节情绪的强度，缓解自己内心的激动，也要调节情绪的色调，放下自己的怒气和郁闷，切换到与孩子们同频的状态中。自我情绪管理是情绪能力的核心成分，由自我情绪觉察、情绪原因理解以及情绪调节一连串的环节构成。

自我情绪激励。这是指向目标，导向自我鞭策和自我说服，是让自己始终保持热忱度和专注度的一种能力，也是我们综合使用多种情绪来调动自己积极性的能力。例如假期之后，我们会觉察到自己松散和倦怠的状态，觉得自己懒洋洋、空落落的。这时候我们就会给自己的内心引入那些带有一定的张力、唤醒度的情绪，让我们能支棱起来，进入工作的状态。

认识他人情绪。这也是一种综合能力，指的是我们不仅能准确地识别和觉察他人情绪，还具有解读他人情绪的能力，能设身处地地理解他人的处境。在人际交往中，我们会发现，对方的语气、音调、表情、手势、姿势等都在传递一个人真实的情绪状态，而捕捉并理解这些情绪线索，就成为我们情绪能力的一个重要方面。我们对情绪的理解还意味着深层的认同，我们不会拒绝和否认别人的情绪，而是能够从对方的视角理解他的情绪。例如，一个新入园的孩子一定要带着自己的小毛巾来幼儿园。小毛巾被小朋友弄破了，这个孩子很难受，但是在陌生的环境中他又不敢说出来，一直闷闷不乐。面对这种情况，在"认识他人情绪"上能力不足的老师，要么无法看到孩子的情绪，要么无法共情，不理解为什么这个孩子非要带着小毛巾来幼儿园，破了就破了，为什么会这么难受。但是在这个情绪维度上能力突出的老师，就会敏锐地感知孩子的情绪状态，并且能够从孩子的视角看到他适应新环境的不容易。

人际关系管理，即与他人合作、相处的能力，是我们将情绪综合应用到人际关系中的一种能力，包括我们与他人形成和谐的人际关系、接纳他人、与他人共情，并对自我和他人能负起责任等一系列具体的能力。幼儿教师每天需要和孩子、家长、同事深度交往，人际管理能力对我们工作的效能和自我幸福感的提升都意义重大。那些善于情绪管理的老师往往善于解读他人的情绪和想法，往往会拥有更好的人缘，与别人相处也更加愉悦自在。

情绪能力的概念在教育领域也引起了巨大的反响。教师是"灵魂的工程师"，需要在与学生的互动中引领他们精神世界获得成长。教师的情绪能力和一般人相比，都有什么特点呢？教师应当具备什么样的情绪能力，才能应对教育、教学中的挑战和压力呢？教师该如何提升自己的情绪能力？这些都成为教师发展和教育发展的新命题。

知识拓展

在诸多情绪能力的同义术语中，情商是大家最为熟悉的一个。情商（Emotional Quotient，简称为EQ）这个概念因美国哈佛大学心理系教授丹尼尔·戈尔曼在1995年出版的《情商》一书而引起广泛关注。情商包含我们对待自我和他人情绪的能力和素质。在戈尔曼宣扬了情商概念之后，美国掀起了组织管理改革的热潮，情商一词成为美国商界最热门的词语，微软、美国通用汽车等大企业都引入了这一概念。这一概念很快跨过大西洋，成为欧洲企业、教育和公共生活领域的重要思想概念。大量企业和组织都将情商测试作为人才测评的依据。

2. 教师情绪中蕴含育人的力量

儿童的成长不仅仅是食物和营养带来身体的成长，也不仅仅是学习知识、规则和进行训练活动，更是要获得一个幸福和自由的灵魂，这需要得到人独特的情感的滋养。这也是幼儿教师工作中的关键所在。教师需要具有丰盈的、职业化的情绪和情感，带给孩子心灵的营养。对教师来说，情绪是育人的工具。教师以情育德、以情促学、以情健心，富养孩子的灵魂。

知识拓展

如何让孩子健康地成长？围绕这个问题，人类一直在探索。

曾有人认为，成人只需要提供食物和基本照顾就能让孩子长大。为此，心理学家哈洛（Harry F. Harlao）做过一个恒河猴的"代理妈妈"实验。让一只挂着奶瓶的"铁丝妈妈"和一只包着绒布的"绒布妈妈"与新生的婴猴待在一起。实验发现：虽然"铁丝妈妈"能够给婴猴提供奶水，但恒河猴幼息还是对"绒布妈妈"的温暖接触更为依恋。然而，即便是与"绒布妈妈"生活在一起的小猴子，长大以后，却依然出现了多种心理和行为的问题。

　　还有人认为，孩子需要通过严格和冷静的训练才能"有出息"，真的是这样吗？行为主义心理学的创始人华生（John Broadus Watson）在《婴儿和儿童的心理学关怀》一书中，提倡对孩子进行行为矫正式的养育，不要轻易满足孩子，要让孩子学会在挫折中成长。例如，哭声免疫法——当孩子哭泣时不要理会他们，只有在他们不哭的时候才能抱孩子进行安慰。华生甚至将这一套冷酷的训练方式用到自己的孩子身上，结果三个孩子都出现严重的心理和行为问题，大儿子甚至以自杀的方式结束了自己的生命。这些事实也不断向我们揭示孩子健康成长的真相——人类不是机器，人类灵魂的成长需要情感的浇灌。

　　在与人打交道的行业中，一个人的情绪能力具有重要价值。而在各种与人打交道的行业中，幼儿教师这个职业可能是对情绪能力最具有依赖性的行业之一。可以说，幼儿教师自身的幸福感以及工作目标的达成都是围绕着情绪轴来展开的。情绪能力不足的教师在和幼儿互动的过程中会感受到更大的压力和挫折，应付日常工作都会非常困难，更别说培育孩子良好的情绪和社会能力了。在教育情境中，教师的情绪不仅仅属于自己，更属于课堂和学生，是教育环境的一部分。教师首先应认识到自身情绪的价值和特点，并探索如何使用情绪来提升教育和教学的质量。教师不是知识的复读机和技能的训练器，不能通过枯燥的重复和单调的训练来培养孩子。教师是灵魂的工程师，教师的工作是用一颗心影响另一颗心，培养灵魂丰盈的孩子。所以教师本人是否拥有强大的、有趣的、富有感染力的灵魂，决定了他能够营造什么样的课堂，培育什么样的孩子。育人这项工作，不能单靠说教或者训练来完成，需要有情感的加持才能实现信念和价值观在师生间的流动和传递。注入情感之后，抽象的道理也有了具象的表达，能够在师生之间形成共鸣，从而被幼儿内化为自己的信念和价值观。教师的情绪能力在幼儿的成长中发挥着重要的作用，我们可以先来看以下两个案例。

案例

　　我曾经有幸参与一节非常精彩的大班 STEAM 课程。课程的主题是"洒水车"。课程开始的时候，老师先给大家播放了熟悉的洒水车的音乐声，孩子们的注意力立刻被抓住了。有孩子大声地说："我知道了，今天我们要拼洒水车！"接下来，老师给大家看了很多不同国家的不同特点的洒水车，在孩子们"哇"的呼声中，老师开始布置小组任务了。老师提出问题的方式充满亲切感又不乏悬念，这让孩子们很顺利地进入了状态。孩子们以小组形式参与洒水车的制作时全心投入、齐心协力，总有很多的好主意，每个孩子的眼睛都像是亮闪闪的星星。在制作的过程中，老师没有居高临下地指导，也没有盲目介入孩子们的创造，而是像孩子们的一个小伙伴一样。一些小组遇到问题，陷入僵局，老师就帮着发现线索；有的小组里小伙伴们意见有分歧，老师就参与其中，帮助大家共同做出决定；还有的小组进度太慢，成员们灰心丧气，老师就给他们加油鼓劲……课程的节奏非常充实，最后，当孩子们以小组形式展示作品时，我们这些大人都为孩子们的创造力、动手能力以及合作能力而惊叹。其实类似主题的 STEAM 课程很多，但是这一节课为什么效果这么好，我想秘密就在于教师对于课堂情绪的把控能力。老师制造的"认知悬念"，让每个孩子都跃跃欲试。老师营造出了宽容和接纳的氛围，让孩子们都带着安全感，自信地投入问题解决当中。教师自己带有满满的正面情绪的能量，让整个教室都富有活力。如果孩子分心或者不感兴趣，教师即使重复一百遍"要认真""要自己思考"，对于幼儿来说都只是空洞的口号，能真正影响幼儿的是教师充满情绪力的陪伴。所以，教师的情绪能力是师幼互动的轴心和发力点，是课堂的灵魂。没有情绪的教学根本无法获得孩子们的注意力，更无法走进孩子们的心里。知识是客观和静态的，但为孩子们打开知识大门的那一位老师却一定要具有主观情绪的魔力和活力。只有运用情绪的能力，老师才能将丰富多彩的世界呈现在孩子们的面前，才能让孩子们对知识的世界充满向往。

　　我也曾参与过其他一些课堂，有些课堂尽管老师也做了比较充分的准备，但是效果却并不好。其中一次是某幼儿园的一节语言课程，老师和孩子们分享了绘本《花婆婆》。孩子们的注意力分散，结果老师的声音提得很高，语气严厉，仍然抓不住孩子们的兴趣。后面在课程的反思会上，我提出这节课程最主要的问题就是：教师的情感不在状态——不能带动孩子，让孩子兴奋起来；也不能给孩子情感上的安全感，让孩子敢于进行自我的表达；整节课都处在紧张的氛围中。

上面的例子让我们看到，高质量课堂的典型特征就是师生情绪饱满。课堂是学校教学的基本单元，是育人最基础的方式。情绪饱满的课堂育人的力量体现在以下四个方面：

教师的情绪可以感染孩子

情绪具有可感染的特性，一个人的情绪会传递给另一个人，甚至传递给整个群体。在幼儿园里，情绪感染的现象在各个场合不断地发生。幼儿之间的情绪会彼此感染，例如刚上小班的幼儿正处在分离焦虑中，老师好不容易安抚好孩子们的情绪，可这时候一个小家伙突然又扁着嘴哭了起来，这下整个房间里的幼儿又陷入了"你哭我也哭，看谁哭得响"的状态。不过幼儿园中最常见的情绪感染还是教师的情绪传递给幼儿。因为，教师处于幼儿园生态的核心，处在情绪的上游，所以教师往往会成为情绪的发射器，而孩子常常无意识地成为情绪的接收器。于是，有意思的现象发生了，似乎教师的情绪就是一个光源，通过透镜成像为孩子的情绪。如果教师富有活力，兴致勃勃，整个教学空间就会充满探索的开放性；如果教师是幸福的，整个教室也会阳光灿烂，暖意融融；如果教师生气了，教室里也好像飘入了乌云，孩子们似乎都能感知到压抑的氛围，不敢大声言语……

　　教师必须要注意到自己情绪所具有的辐射作用，你的情绪不仅仅是你的情绪，教师的情绪是整个课堂的情绪调节器。

知识拓展

　　广场上，一只鸽子飞起来往往会引发一群鸽子飞起来；在育婴室中，一个婴儿的哭声常常会带动整个产房所有婴儿都哭起来；互联网上常常看见大家对某件事情的集体恐慌或者集体愤怒……这些现象都可称为"情绪感染"。心理学家发现，我们大脑中的"镜像神经系统"就是情绪感染的大脑管理机构，为情绪感染搭建起自我—他人情感互动的桥梁。例如，当看见其他人沐浴在幸福中，观察者也常常忍不住嘴角上扬，露出笑容；当看见其他人受到疼痛的折磨，自己也不由得紧蹙双眉，似乎那种疼痛也正加诸自己身上。人是社会性动物，生活在群体中，情绪感染能使个体和他人保持情绪同步，情绪感染能够促进人与人的社会连接。一般来说，情绪感染分为两种类型：一种是在无意识情况下自然而然产生的情绪聚合——人类天然会无意识地模仿和感知他人的情绪；一种是通过有意识的联想而产生的情绪聚合现象，是有意识地参与、理解、感知、接受和回应他人情绪的结果。人们并不会被动地接受他人传递过来的情绪，而是会主动寻找这些情绪的线索，在收到这些情绪信号后，又会进一步滋生和酝酿出新的情绪。例如，一个孩子闯了祸，他能够感知到父母的无奈和生气，同时自己的内心也会滋生出愧疚的感受。

教师情绪指引幼儿的行为

中班自由活动的时候，小海很想知道垃圾桶的"肚子"有多大，于是就把皮球、树叶等很多东西都装到了垃圾桶里面。当于老师看向他的时候，他有点儿局促不安。不过老师知道，小海这么大的孩子正处于"空间敏感期"，充满对空间探索的欲望。因此，老师只是和善地对小海笑了笑。等小海充分试验和探索，好奇心得到充分的满足之后，老师走过去，摸了摸小海的头，帮他数了数垃圾桶里有多少东西。午睡的时候，珂珂不想睡觉，就一直用脚踢小床的床板，发出咚咚的声音。于老师走过去，轻轻地把食指放在嘴唇上，发出"嘘"的声音，用眼神告诉珂珂："小声一些，别的孩子都睡了。"虽然珂珂睡不着，可是她能够比较安静地看老师递给她的绘本。

有人说，世界上最难的事情是把一个人的思想装进另一个人的脑袋。这件最难的事情，不就是教师每天的工作吗？何止于此，教师不仅仅要将知识、要求、规则等各种信息放进孩子的脑袋，更要激活孩子的行为潜力。要做到这一点，需要教师的情绪发挥作用。

当孩子面对自己拿不准的情况时，往往会从成人的表情中寻找参照信息，从而决定自己的行为。这就是"社会参照效应"。在幼儿园中，教师是幼儿最重要的人。面对未知的世界，幼儿往往会从教师的表情中寻找答案，因而教师的情绪非常重要。教师需要根据教育情境的要求来管理自己的情绪，学会如何用表情、声音以及姿态的组合来传递丰富而复杂的信息——鼓励的、严肃的、放松的、愉悦的……说理对于幼儿规则的制定往往收效甚微，教师需要努力地塑造情绪影响力，来完成对幼儿规则的指导。情绪在孩子的规则内化过程中能发挥神奇的作用。教师最忌面无表情或者"面不应心"。教师积极的社会性参照是幼儿认知发展的媒介，能促进幼儿探索新情境和新事物，扩大活动范围，发展智力；教师消极的社会性参照同样会影响幼儿，会导致幼儿产生不良情绪，形成消极、怯弱的性格，限制幼儿的探索欲，阻碍幼儿发展。

教师情绪激发孩子积极的态度

教师的情绪也无声地传递着"该如何学，该如何做"的信息，培养着孩子的内部动机。在高情绪能力教师的教学中，老师不断用行动的力量告诉孩子们如何面对任务和挑战，是带着喜悦主动去学习和探索，还是消极和被动地应付他人的要求？是浅尝辄止，还是不断坚持和深入探索？教师在师幼互动中不仅传递知识，也在传递学习和其他活动的动力，并为学生示范如何面对和处理学习中的困惑和困难，如何坚持和挑战。一些道理往往无法用语言去传授，而富有情绪能力的老师能够用自己精神的引领力去告诉孩子学习的真谛。

同时，由于加入了情感的成分，教师所传授的教学内容也会带有情感的特点和故事的温度，更容易被孩子们记住。那些高情商的教师，他们往往不是在客观地复述知识是什么，而是在营造一个立体的教育场，这个场不断散播着多元的影响力。这样的情境，可以激活学生的思维，启发他们的创造性，提高学习效果。与之相反，低情商的老师则往往言语枯燥、面目可憎。孩子们在尚未了解知识大门之后的世界有多么有趣的时候，就因为这位领路人的枯燥、冷漠和苛刻，失去了探索这扇大门之后的世界的兴趣。可见，教师的情绪能力是教学的重要的保障。

教师的良好情绪提升孩子的心理健康水平

我们常说，教师是"人类灵魂的工程师"。教师作为素质教育的主要落实者，作为高尚灵魂的塑造者，作为心智潜能的启迪者，其情绪能力水平需要达到一个很高的水准。这是教育的需要，也是现代教育改革的期待。在学前教育中，师幼关系的意义格外突出。作为幼儿走出家庭之后最重要的他人，幼儿教师情绪的稳定性、可接触性、温暖度决定了孩子是否适应和喜欢幼儿园、是否能够融入新的环境，甚至影响到孩子个性的发展和孩子未来的人生。教师的愉悦性和游戏性，会让孩子在喜欢教师的同时，也喜欢教师带来的知识和活动，从而激发孩子认知的乐趣和生命的灵性。

培育人，培育"完整的人"和"真正的人"，是当代教育者的职责和使命。教师除了教孩子们知识，还要"孵化"孩子们的社会性，促进儿童的心理健康发展。育人工作涉及很多方面的教师能力，而其中重要的一点就是教师的情感育人能力。除了扎实的专业技能，情感育人能力是卓越的教师拥有的能力中最独特、最富有效力的——它能够给予儿童爱与接纳，提升儿童的归属感和安全感。这是情绪发展的一个重要前提。此外，这些教师自身就是一本行走的情商教科书，时刻为孩子们展示如何通过情绪智慧来解决问题、开展人际交往和进行自我管理等。可以说，教师是在用自己的言行影响孩子们的行为。高情商的教师甚至还能影响家长的教育观念和教育行为，塑造"涵养心地"的育人环境。

3. 教师情绪能力的提升促进自身的发展

从成为一名教师开始，教师需要在专业成长的道路上不断前行，不断实现从新手到专家的成长突破。情绪能力也是教师专业发展的重要内容，情绪从多个方面促进教师的发展。

情绪能力支撑教师的角色

在你心中，幼儿教师是什么样的？当你试图回答这个问题的时候，你的心中就会出现一张幼儿教师的画像。我想：她一定是微笑的、温柔的，眼神中就传递了爱和包容；她也是坚定的和坚毅的，她有着最为强大的气场，有坚定的权威，让家长和孩子信服；她也有最为温润的亲和力，所有的孩子都爱和她在一起。她是理性的，她洞悉教育的规则，但她所有的理性都建立在爱的基础之上。

情绪在教师角色的建构中发挥着重要的作用。教师对学生的影响力并不仅仅是由师生之间的知识落差和在教育场域中的权利不同所形成的，很大程度上是因为教师的情绪站在了高位，构成了独特的教师情绪辐射力而给学生带来了影响。这种情绪辐射力无声地建构了幼儿的归属感，形成了幼儿与教师的独特情感联结。这种情绪辐射力还建构了教师的威信，这种威信指的不是疾言厉色，而是教师情绪能够给家长和孩子以信服感和安定感。

情绪能力维持教师职业发展的韧性

教师的职业发展过程中，"育人"的能力和"育己"的能力是相辅相成、互相成就的。教师不仅要教会孩子们如何掌握技能，改变环境，以求未来更好地生存与发展，也要不断改变自我，追求自身的不断发展，以适应社会、适应当代教育。因而，不论教育技术如何迭代，教育的改革如何推演，高情商的教师都有着坚忍的教育生命，始终能够眺望教育的目标，并通过不断学习对自己的教育行为做出调整和提升。高情商的教师不会因为教育政策的改变，抑或教育条件的升级而动荡自身的教育生命，他们能够把握生命发展的实质，成就孩子的同时也成就自己。

案例

姜老师和马老师是 2000 年左右参加工作的老幼教人了，20 年前，她们一起被分配到了某幼儿园。20 年过去了，两位老同事之间的差距却拉得越来越大。在一次聚会上，两位老朋友又碰面了。

　　姜老师是一个富有激情的幼儿教师，她不仅本职工作做得好，而且在幼儿园的各项改革中，都非常积极。对于国家或市、区的幼教有关文件政策，她也很关注，不断思索。身份从班长、年级长、园长，到区教研员，姜老师总是主动求变，更主动将自己的变化和国家的政策改革配合起来，不断思考自己工作的优势和不足。当然，每一次的变革中，她也都能够抓住机会，发展和提升自己。

　　马老师其实也是一位敬业爱岗的幼教人，她保育功底扎实，教学也做得不错。不过，马老师总是喜欢抱怨。平时总是说幼教行业不受重视，又觉得区里的政策不合适，幼儿园的管理有问题……不过，当改革意见提出后，一次次教育整改措施落实到园所和班级时，马老师又抱怨："太麻烦了！我们当幼儿教师的不就是做好保育，带好班级吗？怎么那么能折腾？"久而久之，马老师慢慢淡出了园所的核心工作圈子，成为大家眼中的"被动型老教师"。

　　老朋友相见，有说不完的话，马老师说："姜儿（姜老师小名），你看你真是运气好，每次都能抓住机会，不像我们，在基层日复一日地工作，一晃就是20年。"

　　姜老师说："老姐妹，你能力强，又有干劲，要我说，你当时是我们当中发展潜力最大的。不过啊，你就是理不顺自己的情绪。遇到问题就焦虑、烦躁、发牢骚。小到一个人、一所园，大到一个国家，都会遇到问题，遇到问题就要变革，变革了才能发展，变革的过程就是我们'升级'的过程。现在电脑都从 XP 升级到 win10 啦！你也别抱怨了，未来国家幼儿教育的大发展，还需要我们这些老幼教人的经验呢。"

　　过去的十年，是我们国家幼教事业快速发展的十年。很多幼教人在这十年中跟上了时代的潮流，也有很多幼教人不思求变，惧怕改革，结果被时代抛弃。一位教师的职业成长必然会面对国情的变化、学情的变化，以及政策的变化。高情商教师总是能够以积极的心态去面对这些变化，调整好内心的天平，让心灵处于开放的状态，将自己的想法和努力一起融入变革的潮流中，让自己变成潮流的一部分；而低情商的教师害怕变革，抗拒变革，将自己和变革对立起来，拒绝反思和成长，当然也会被时代抛弃。

情绪能力营造和谐的教师人际关系

　　每个人都处于自己的人际网络中，生活在特定的人际生态中。如果一个人的人际生态圈友好和谐，人与人之间相互信任、彼此支撑、相互尊重，这个人往往能拥有乐观向上的心理环境，其职业发展也会拥有更好的助力；而如果一个人的人际生态圈是狭小的、压抑的，集体成员互不信任，互不尊重，人际关系剑拔弩张，矛盾冲突频繁，身处其中的个人则会感受到沉重的心理压力，职业的发展也会因此腹背受敌，处处受限。

　　学校是一个典型人际生态圈，每一位教师都需要处理与领导、同事、学生、家长之间的关系。如何营造好自己的人际生态圈？

情绪能力的作用至关重要。高情商教师往往能够与他人求同存异，达成思想上的一致性，这是人际关系的认知基础。高情商教师往往拥有较高的交往水平，能够把握交往的深度和方式，从而形成更为紧密的人际关系网。

关于教师情绪能力的重要性，我们已经了然。接下来，我们即将开始情绪提升之旅。通过这个奇妙的旅程，你将与情绪化敌为友，并获得情绪赋予你的能量。这个过程，是一个不断成就自我、发展自我的过程，同时也是一个不断接纳他人、影响他人的过程。情绪能力中对人与对己的成分是相辅相成的。情绪能力遵循着"先己后人"的顺序，"渡人先渡己"。接下来，我们将从两个角度解读情绪能力：其一，我们将了解如何促进自我情绪能力的提升，强化对自我情绪的觉察、调节和利用，达成对自我情绪的理解和接纳，实现与自我情绪的自洽；其二，我们将了解如何提升情绪能力中指向他人的那一部分情绪能力，包括感知、应对、影响、改变他人情绪的一般性的方法，从而理解如何用情绪工具来建构富有能力的课程以及亲密和谐的人际关系。

：

第四章

：

如何处理好
自己的情绪

　　每次坐飞机，安全广播都会不断提示："当遇到紧急情况，请先给自己戴好安全面罩，再给孩子戴好面罩。"要帮助别人，需要先确保自己的安全。教育情境中的情绪问题也需要遵循"渡人先渡己"原则，要影响和调节他人的情绪，我们首先要完善自己的情绪管理。

　　一个人是否具备情绪能力，最关键的判断标准就是这个人能否和自己的情绪和睦相处，并充分利用自己的情绪。具备情绪能力的人常常处于喜乐、平和的心境状态，总是显得元气满满、生机勃勃。相比之下，缺乏情绪能力的人最典型的特点是无法和自己的情绪和谐相处，这无异于自己心理世界发生了内讧，思想和情绪、愿望和行为之间出现了背离。一个人为了协调分裂的自我已是精疲力竭，因而他们往往惧怕并抗拒情绪，被情绪折磨得生无可恋，更别说利用情绪的能量了，只能任由自己被情绪的力量所左右。人们都希望发掘情绪的"富矿"，为人生找到行动的力量和幸福的密码。过去百年来，有关情绪管理和情绪能力提升的理论和应用方案层出不穷。但我们总结前人的探索后发现，提升情绪能力事实上并没有那么难，大道至简，所有的方法可以凝聚为以下四个环节：觉察情绪和看到情绪；理解情绪的原因，解读情绪背后的故事；使用多种方法来调节情绪并获得对情绪的控制；

让我们的情绪得到适宜和恰当的表达。通过这四个环节，我们对情绪的理解不断加深，与情绪的联结和对情绪的掌控也不断得到夯实。这四个环节是循环向上、不断迭代的。我们的生命正是在这四个环节的不断循环和迭代优化中逐渐成熟。我们生命中的每一种情绪都是一位充满能力的挚友，我们可以通过看见他、理解他去与他联结，并通过调节情绪和表达情绪去使用情绪的力量。当你发掘了自己的情绪能力，你不仅可以驾驭自己的情绪，还能轻松淡定地应对别人的情绪，最终拥有轻松自在的生命状态。

1. 觉察情绪，看见情绪

案例

一整天的工作已经尘埃落定，王老师回到家，做完饭洗完碗，已经是晚上 8 点了。根据计划，这是和孩子一起阅读的时间。王老师拖着疲惫的身体和孩子一起读绘本。但是没多久，王老师就大声地教训孩子："你的事情怎么这么多啊，一会儿喝水一会儿上厕所，阅读时间已经被你耗掉一半了！"孩子立刻缩了回来，过了好一会儿，才和妈妈说："你刚才好吓人啊。"

上面这种情况您是否在生活中也常常遇到？有时候我们处于情绪当中却浑然不觉，直到有人提醒我们"你一直皱着眉，是不是有什么心事？""你刚才说话好冲啊！""你刚才的脾气好吓人"，你可能才反应过来：原来我刚才是这样的情绪啊，我没有意识到。

　　是的，我们常常处于情绪中而不自知——生气时不知道自己生气，高兴时也没发现自己得意的样子，焦虑时不知自己为什么如此不安，而有时被忧伤笼罩也不知道自己到底是怎么了……这说明什么呢？这说明，当情绪来访，我们却没有看见情绪。看不到情绪，对情绪没有觉察，是很多情绪问题的根源。这一节，就让我们来谈谈如何觉察和看见情绪。

为什么要觉察情绪

　　情绪有一个非常有意思的特点——如果你意识不到情绪，你就会陷入情绪的陷阱中；而一旦你意识到了情绪，情绪对我们的控制就像泡泡一样瞬间被戳破，我们就拿回了对情绪的主动权。我们有的时候觉得难以和情绪相处，最主要的原因是我们看不到情绪。当我们身处情绪当中的时候，如果我们能够反观和意识到我们当下的情绪状态，我们就迈出了自我情绪管理的第一步。

　　为什么看见情绪如此重要？一个人看见情绪或看不见情绪，会带来两种截然不同的结果，我们通过两个例子来进行了解。

案例

张老师正在做社会领域的公开课《交通规则我知道》。为了本次公开课，张老师做了非常周密的准备，活动流程非常翔实，活动材料也非常丰富。可是在课程当中，两个孩子出现了争执，一个孩子还咬了另一个孩子一口，老师不得不改变自己原本的教学计划，优先处理孩子之间的争执。张老师当时非常焦虑。她一心只想尽快让课堂的秩序回到正轨，所以她根本无法顾及孩子们当时的感受和需求，一味地采取了"镇压"的方式，大声要求孩子们马上停止吵闹。但这显然并没有太大效果，一堂公开课偏离了原有的轨道，乱了节奏。

事后，年级长在教研磨课的时候，与老师们对这个问题进行了深入的探讨。在幼儿课堂中，如果孩子的情绪没有得到缓解和接纳，就无法顺利开展接下来的教学活动。张老师不是一位新教师，这样的情况她曾经遇到过，也处理得很好。但今天张老师为什么无法掌控课堂局面？主要原因在于张老师自身处于焦虑情绪中而不自知，因而也无法看到儿童的情绪需求。因为看不见情绪，张老师就处于焦虑和忙乱的状态，结果就是一通胡乱的指责和指挥，"按住了葫芦又起了瓢"，现场状况完全失控。假如张老师在那个当下看见了自己的情绪，意识到自己正处于焦虑当中，能够知道公开课的情境让自己非常紧张，就能够转过来抚慰和调节自己的情绪。她可以做一个深呼吸，回到当下，并启动自己的理性思维，调动已有的经验去决定首先解决什么问题，该阻止孩子的情绪还是顺应孩子的情绪，并思考是否使用同伴冲突这个情境，利用教育生成性的智慧来巧妙地处理这个问题。这样，不仅能够让课程继续下去，还能够调解好两个孩子之间的矛盾，甚至还能利用这个机会让孩子们理解规则并学会遵守规则。

　　觉察情绪可以让我们将注意力放在自己身上，而不是被情绪的线索牵着鼻子走。如果不能觉察情绪，看不见情绪，我们的注意力就会被情绪的导火索全部占据，而看不见事情的其他侧面，只能在情绪的驱使下不知不觉地做出行为。所谓的导火索，就是当时引发情绪的人或者事。当导火索被点燃，情绪就好像是一大团强烈的能量压过来，瞬间控制了你，驱动着你的行为，导致你有时还没有意识到情绪的存在就冲动地做了一些事情，但事后又后悔。而另一些时候你有强烈的冲动要做一些事情，虽然理智不断告诉你"不要做！不能做"，可是你就是想要去做，只有做了才舒服，此时你的理智亦没办法控制自己的行为。拿上述案例中的张老师来说，课程进行时，张老师完全没有意识到自己有情绪，因为她的注意力全部都集中在当时混乱的局面和不听指令的孩子身上。占据她所有意识空间的都是："怎么都不听要求啊？""怎么这么乱啊？"……你看，当看不见情绪，所有的负面情绪就会被困在导火索中，张老师的情绪就会被"孩子不听话"的念头牵着走。只有当张老师意识到"我现在整个人处于焦虑中"时，她的注意力才能回到自己身上，才能意识到自己当下亟须做的是让自己冷静下来，重新分析和把控局面。

案例

　　曾经有一位幼儿园的老师向我倾诉，说最近工作的时候总是被园长批评，自己明明已经很努力，为什么园长却看不见，是不是园长对她有意见？她的同事还没有她做得好呢，却能被园长看中，她觉得心里很不平衡，不知道怎么办才好。我问她："那你当时有什么情绪呢？"她回答说："园长这样对我，我肯定难受，觉得非常委屈。"我接着问她："那你后面的想法，是不是也和难受、委屈的情绪有关系呢？"我进一步解释说："正是因为当时你不知道自己的情绪状态，就容易受到情绪的影响，将所有的事情和委屈、难受的情绪联系起来。"她仔细回顾了一下，说："我明白了，原来我的很多想法是源自我的情绪。我希望被看见，结果没有被看见。我感受到了委屈，所以我对于后面发生的一系列事情的理解都走偏了。"

　　看到情绪才能给纷乱的情绪和想法按下暂停键，防止我们陷入思维偏差。大部分的情绪在产生时都充斥着各种想法。无论是否有情绪，人的大脑都会不由自主地去思考。而当情绪来临，我们的思考更会带有情绪的色彩。上面案例中的那位老师，她感到难受和委屈，就会忍不住想："我做了这么多，她怎么就是看不到呢？她为什么不理解我？"她可能会放大很多微妙的细节，往自己认定的方向展开猜想，越生气越想，越想越生气。她还会感到焦虑和担忧，会在胡思乱想的轨道上走得越来越远。"我的表现不能够得到园长和其他人的认同，这是否意味着我没有前途了，我未来发展的机会肯定会受到影响……"这些消极的想法会不可遏制地传递下去。再比如一个孩子，看见自己的父母吵架时，他会感到特别恐惧，会控制不住地产生一连串的念头："他俩会不会离婚？他们离婚我跟谁？他们会不会都不要我？……"所以，情绪产生的当下会伴随着一系列自发的想法。越是胡思乱想，情绪的困扰就越多，内心的痛苦亦加剧，而内心痛苦的情绪又会助推这些胡思乱想……感受和想法不断反反复复地自我强化和恶性循环。越是看不见情绪，所思所想就越是容易偏离事实。这或许就是我们经常陷入情绪无法自拔的原因。

案例中的那位老师觉得园长就是对自己有意见，这是不是事实呢？你一旦认为园长不认同自己，对自己有意见，头脑就会自动寻找新的证据来证明自己这个想法。如果看见园长对另一个同事微笑了一下，而没对自己微笑，你就会在内心进行自我强化，认定自己想得没错——看，园长就是对我有意见吧。而如果此时，这位老师能够意识到——"我现在很委屈"，那么问题的关注点就会回到自己身上，自发的胡思乱想也会被按下了一个暂停键，在内心不断说话的那个声音也会停止。觉察情绪对我们理解问题也有好处。当我们觉察和意识到自己的情绪时，仿佛就获得了一种能力，开启了"上帝视角"，能够站在更高的视角看到全局，能更清晰地看到事情当中每个人的想法和事情的前因后果。此时我们的思考会更接近事实。

总之，看见情绪就看见了自己，看见情绪是解决问题的第一步。保持情绪觉察力，保持对自己内在的反观，不仅是情绪管理，也是个人全部修养的基础。

看见情绪特别不容易

看见情绪是情绪能力的第一步，也是关键一步。但是要走出这一步非常不容易。例如，当我排队的时候，有个人不讲道理插队进来，我可能当时情绪就上来了，忍不住想："这个人什么素质啊？凭什么插队呀？"——人们遇事常常会向外看，看向导致问题发生的外部事件，但通常不会想"我生气了"。因为在这样的情境下，摆脱"导火索"事件的禁锢，将注意力反观回自己，是一件很难的事情。举个例子，作为一名幼儿教师，当你和家长沟通的时候，如果对方突然指责你，认为你对他的孩子不够用心、你是否会感到特别生气和委屈，此时你的头脑中会自发地充满了这样语言："你凭什么这么说我，你怎么回事儿？"

再如下面的情形。当一个人焦虑的时候，他的大脑中充斥了各种各样的任务，以及这些任务失败之后的后果："工作还没有完成，如果完成不了就糟了！""还要操心孩子的事情，要给孩子的培训班报名，报不上怎么办？""老人的健康也要注意了！如果不注意健康的日常维持，后果可能会很严重。"……很少有人会觉察和意识到，此时的自己非常焦虑。在焦虑的当下，人们也常常看不到自己的焦虑。

凡此种种。我们不禁会产生疑问，为什么情绪觉察如此困难呢？这主要有两个原因：

其一，人们的眼睛面向外部，总是看别人比较容易，看到自己比较难。我们可以很轻易地看见别人头上的落叶，却看不见树叶落在自己的头上。同理，我们可以直观地感受到对方情绪的变化，却常常对自己情绪的变化毫无察觉。

其二，消极情绪会消耗注意力资源。当情绪来临的时候，我们的注意力都锁定在引发情绪的人和事上面，头脑被各种各样的想法塞满，形成了一种被消极锚定的偏差，因此没有足够的注意力来觉察到自己的情绪变化。

看见情绪的四个级别

觉察和看见情绪是一种能力，每个人情绪觉察的能力天分和水平各不相同。情绪觉察能力从低到高可以分为四个级别：不知不觉、后知后觉、当知当觉、先知先觉。

就拿刚才的两个例子来说，你明明已经处于情绪中，就连别人都已经清晰地感受到了，你却没有意识到，坚持认为："我没难受，我才不会难受呢。""我刚才没有发脾气啊！"这叫不知不觉。

再或者，你对你的好朋友莫名其妙地发了一通火，但是生完气发完火之后，你意识到了自己的愤怒，这时候你可能会说："不好意思啊，我心情不好，刚才冲你发火了。"这叫后知后觉。

有时候，你在生气的过程中就能够理清楚："我刚才因为对方的一些说法被激怒了，我现在感到很生气。"这叫当知当觉。

还有一种情况，你能提前预知自己的情绪反应。例如，你知道孩子写作业的时候，自己很容易发火，或者一遇到孩子玩手机的问题，自己的情绪就容易激动，那么你就能够用更加理性的方式来对待孩子的作业和手机的使用问题。你可能会提前和孩子进行规则的约定，准备好有效的沟通语言，或者坦诚地告诉孩子："我的确一说到手机就会比较敏感，所以我们还是先做一个约定吧。"这时候，你的状态就是先知先觉。

处在不知不觉和后知后觉状态的人看不见情绪，因而他们往往无法搞定情绪，反而被情绪搞定。而如果我们能够看见情绪，就能在情绪来临的时候，让自己达到当知当觉甚至先知先觉的状态。

只有意识到自己的情绪，不论是生气、焦虑、悲伤，或是抑郁、恐惧、委屈、迷茫等，才有可能进行下一步的情绪调节。当我们掌握情绪觉察的能力，就会获得"内观"的能力，我们对于问题的分析和理解也会有不同的结果。我们会发现，自己在很多时候生气发怒，并不是他人造成的，可能是因为忙碌了一天身体非常疲倦，也可能是由于自我挫败感，又或者是对未来产生担忧，等等。教师只有认真了解并梳理自己情绪产生的深层原因，才能够更好地面对孩子，开展教学，同时发现教育的智慧。

对身体状态的觉察

首先，觉察情绪意味着我们需要对自己的身体状态和情绪状态的变化进行感知和反观。我们可以先从身体觉察开始，练习自己的情绪觉察能力。所谓的身体觉察，顾名思义，就是将注意力集中在自己的身上。身体察觉是情绪察觉的前提。例如睡眠的时候，去体验自己身体放松的感觉，以及感受自己的呼吸；喝水的时候，去感受水温是凉的还是热的；运动的过程中，体会汗水沿脸颊流下的感觉，以及脚、小腿和膝盖产生的变化……人的身体和心理是彼此联系的。当人体出现情绪困扰的时候，所有表现出来的状况，都会体现在身体上。要想真正搞清楚问题出在哪里，就要对身体的变化具有充分的感知和了解。当老师们受到情绪困扰的时候，如果将注意力放在自己身上，就会发现自己在郁闷产生之前，身体已经发生变化。比如这时候呼吸会变得沉重，肩膀关节会感到酸痛，等等。教师如果能够察觉到自己身体的变化，就能对自己接下来的情绪发泄有一个心理准备，同时做好相应的举措，从而化解恶性循环。在掌握了身体觉察之后，接下来我们就可以去了解什么是情绪觉察了，并借此获得内观的能力。

如何觉察情绪

有些人的确天生就缺乏情绪觉察能力，但这并不意味着情绪觉察能力是无法改变的，后天的刻意练习也能够让我们提升自己的情绪觉察水平。怎样提升自己看见情绪的能力呢？我们可以使用"暂停—询问—命名"的方法（后文也简称为"情绪命名法"）来更好地看到情绪。

Step1 暂停

当我们处于情绪中的时候，我们首先要意识到自己已经"上情绪"了，这时候我们需要停下来，就像十字路口的红灯亮起，车辆就要停下来一样。此时，告诉自己，什么也不说，什么也不做，甚至什么也不想，让情绪的"洪峰"过境。

Step2 询问

当感受到自己逐渐"停稳"，我们的情绪力量开始逐渐回落，理性开始回归时，让我们问一问自己："你怎么了？你现在是什么感受？"当我们通过自我询问获知自己的情绪时，我们就已经获得与自我对话的能力。

Step3 命名

接下来，我们需要更好地控制我们的情绪，为情绪导流。情绪需要更加清晰地被看见。我们可以给自己当下的情绪命名。为情绪命名，就是在每一个情绪产生的当下，给情绪取一个名字，贴上一个标签，如"我现在很开心""我现在感到很生气""我觉得很焦虑"等。这个标签越是精准，我们就越是能够觉察情绪，如"我现在心里特别舒服，有点儿得意""我感到很生气，心里堵得慌，有很多想说的话说不出来""我觉得特别焦虑，心慌手抖的，心里很不安"。

"暂停—询问—命名"三步法中，最核心的步骤就是情绪的命名。通过情绪的命名，我们不仅可以摆脱情绪造成的盲目冲动，还可以更好地和自己的情绪联结，了解情绪要告诉我们的信息，并掌握情绪的力量。无论何时何地，只要你处在情绪当中，你决定去看见情绪，就可以运用这个方法。

通过被赋予名称，万事万物被纳入人类的心智。赋予名称的方式，可以将通用的情绪词来给当下的情绪命名，也完全可以创造一个你自己的词。只要是通过这个词你能够定位到自己某种独特的感受就可以。通过命名，我们的心智空间不再是一团混沌，而是变得有序和明晰。这就好像我们驾驶一辆车经过一个复杂的地形，只有给各个地标进行命名后，我们心中才会形成一幅清晰的地图。再比如，当我们仰头看见满天繁星，可能只是觉得"好多星星啊"，我们对这一片璀璨的星图是没有识别和辨认能力的，而一旦我们对星星或星座进行命名，就能更准确地定位星体，掌握其运行的规律。人类的情绪也一样，如果我们内心的情感是没有名称的，我们心中的情绪地图也是混沌无序的，那么处于情绪中，就如处于一团乱麻中，找不到头绪也找不到出路，人们当然会迷失其中。

为情绪命名让人们能够清晰地感受情绪，这样才能更好地对情绪进行觉察。例如，在一次教研会中，你的一位同事一直说一些和你不同的观点，甚至有点儿针锋相对。如果你是一个情绪粗线条的人，你可能就会觉得"不爽""很堵"，此时很容易出现情绪爆发和以怒制怒的情况，任其发展的结果就是：你本来想表达的内容逐渐偏离主题，你自己也相当失态，整个事情搞得一团糟。但是如果你及时告诉自己，我现在的状态是什么样的，就能精准感知自己的情绪，清楚自己的情绪状态；同时也能够比较冷静地分析和应对当时的情境，明确对方哪些话说得有理，哪些话失之偏颇，自己应当如何礼貌地接受一些建议又如何恰当地捍卫自己的观点。这样，在整个研讨会中，你就能够把握住最主要的方向和观点。

拓展阅读

　　一位叫作 John Koenig 的德国作家，花了七年时间，制作了一本《悲伤词典》(*The Dictionary of Obscure Sorrows*)。他发现生活中有很多模糊朦胧的情绪，没办法用明确的词语来表达，就请朋友们详细地叙述，到底是哪一种情绪，然后总结出来，将其变成一个词。他在 TED 的一次演讲《用优美的新词来描述复杂朦胧的情感》中提到："创造这本词典，是为了找到语言情感里的漏洞，从此我们有了一种全新的方式去讨论人类情感，去填补它们。"

　　例如，Sonder，指"意识到生命中的每个过客都有和自己一样复杂且生动的人生"。这是 Koenig 最初创作的几个单词之一，现在已有许多人将其真正应用在对话甚至文章中。Maurbauertraurigkeit，指"一种想要推开周围的人，甚至是自己最珍爱之人的莫名欲望"。Jouska，指"一段假想的对话在脑海中不停循环"。

　　在 John Koenig 看来，不加分别的快乐会更加快乐，而模糊晦涩的悲伤也会带来更深的悲伤，所以他将这些晦涩的悲伤情感用精细的词语加以区分，也能够帮助人们更好地理解和走出自己的悲伤，获得一片更加清朗的情绪天空。

　　和世界上其他的方法一样，除非你去使用，否则这些方法都不会自动被我们掌握，更遑论成为我们自身的情绪能力。这种方法的使用需要我们"刻意练习"，我们需要将生活中的各个场景都作为情绪修炼的场合。下面，请你记录下你使用这种方法"看见情绪"的过程。

练习

	时间	场景	事件	情绪	思考
记录 1					
记录 2					
记录 3					
记录 4					

　　"暂停—询问—命名"法除了用于情绪的控制，还可以在很多情境中帮助我们实现自我调节。例如，可以用这个方法来处理失眠的状态。你是否有过这样的体验：我们已经很困倦，但是躺在床上，各种想法却像停不下来的火车——有时候是灵光一现的新想法，有时候是没有做完的事情让我们放不下，有时候是白天经历的事情又浮现在大脑中……我们越是要求自己不要去想，思想的火车却越是停不下来。这时候，我们就可以使用"暂停—询问—命名"的方法。你不用去制止这些想法和情绪，你要做的是确认它们，甚至感谢它们。例如，告诉自己："谢谢，我知道了，这是一个愿望。""我明白，这是一个想法。""这是一个回忆。"……被确认之后，似乎奔涌的内心也逐渐得到了平静，身心都渐渐平息下来，睡意也就重新回来了。

还有一些时候，我们的自我管理会受到外物的诱惑和干扰。例如我们正在工作，脑子里突然冒出"我要刷手机"的冲动，甚至想法还没有出现，一些无意识的行为已经开始了——我们可能已经不自觉地拿起手机，点开了屏幕。我们也需要对这些想法和无意识的行为保持觉知，我们可以告诉自己："你想刷手机了。"这样你就能更好地管理和约束自己的行为。

情绪的"询问—暂停—命名"法会产生三个神奇的效果。

第一个神奇之处是，情绪命名法能够给情绪的连锁反应按下暂停键。情绪本来就具有连锁反应的特性，情绪一旦被点燃，就会产生一系列不可控的连锁反应，而在你给情绪命名的那个瞬间，会产生一个神奇的现象，整个反应链就像被按了暂停键一样立刻停住了。比如说，你正怒不可遏地胡思乱想："他这么对待我，肯定是对我有敌意，有偏见！"而此时，假如你提醒自己："我现在感到委屈，好难过。"你会突然发现自己大脑中奔腾的胡思乱想似乎被安抚了，情绪之间的反应链条不再此起彼伏地接续。如果你的情绪太强烈了，有可能过一会儿又会产生反应，你可以继续通过情绪命名法来给你的情绪贴标签，逐步缓和自己的情绪。

情绪命名法的第二个神奇之处，在于它可以协助解决你与对方沟通过程中的情绪问题。比如你觉得对方误解你了，你很委屈也很生气，你会怎么做？如果你害怕伤害你们的关系，你可能会压抑自己的情绪，心想"算了，我不解释了"或者"我忍忍"。但容忍和退让并没有让情绪问题得以解决，情绪的能量依然在那里，你心中依然觉得愤愤不平。你的内心其实一直都想问一句："你凭什么误解我？我付出这么多，难道你就看不到吗？"因此，当情绪来临时，压抑和发泄都不是最好的办法。此时，如果你可以利用情绪命名法，将自己的情绪表达给对方，反而会收获出其不意的沟通效果。例如，你可以这么说："你这样看待我，我感到很委屈。"你看，你的语言中没有敌意，也不会伤害到对方，你很中肯地表达了你的情绪。我们常说表达情绪，更多指的是为自己内心的情绪进行准确和恰当的命名，而不是情绪化地指责对方。这种表达方式既没有委屈自己，也没有伤害对方，是非常棒的沟通方法。

情绪命名法的第三个神奇之处在于，这种方法能够提升一个人的情绪敏锐度，从而优化一个人的情绪能力。情绪命名法的这一作用需要用很长的时间才能看到。情绪敏感度低的人感知力弱，说话不知轻重，不分场合。《三国演义》里面的张飞就是这种类型的人，他的情绪颗粒很大、很粗糙，因此管理不好自己的情绪：事情顺利时就感到特别爽快，特别兴奋；而一旦遇到不顺利的事情，则往往怒不可遏，情绪表达得很激烈，但自己却根本感受不到，对自己和别人的心情都毫无觉察。情绪敏感度高的人，他们可以很精准地描述自己的情绪和情感，给自己的情绪以一个精准的坐标，从而清晰地感受到自己的情绪及其变化。因此，他们仿佛可以从"上帝视角"看问题，对于当前事件带给自己什么样的感受、带给别人又是什么样的感受，内心都非常通透地知晓。如果我们运用情绪命名法，给自己的情绪进行命名，你就能够看到情绪，并与自己的情绪对话。

练习

　　下面是 100 个描述情绪的词语。请仔细品读和体会这 100 个词所代表的情绪，通过回忆、想象的方式细细体会这些情绪带来的感受，并熟悉这些情绪的名称。

欣慰	幸福	舒畅	感激	喜悦	兴奋	痛快	庆幸
惊喜	自豪	体面	温暖	自负	嫉妒	羡慕	羞愧
丢脸	害羞	可耻	愧疚	腼腆	尴尬	痛苦	痛恨
寒心	惊恐	害怕	心慌	畏缩	苦涩	哀伤	心酸
忧愁	忧虑	悲伤	悲痛	沉痛	入迷	心醉	倾慕
仇恨	敌视	怨恨	反感	可恶	可恨	痛恨	厌恶
别扭	不快	不爽	心烦	厌烦	烦闷	难受	窝囊
讨厌	憋闷	憋气	忧愁	担心	发愁	压抑	郁闷
抑郁	愁闷	狂妄	吃惊	好奇	诧异	委屈	冤屈
着急	急躁	焦急	焦躁	悔悟	内疚	警觉	警惕
扬眉吐气		勃然大怒		怒火中烧		心神不定	心有余悸
人心惶惶		惊魂未定		如坐针毡		惊心动魄	痛不欲生
坐立不安		心乱如麻		心急如焚		心事重重	心烦意乱
忧心如焚		愁眉苦脸		忧心忡忡		郁郁寡欢	无地自容

　　我们在觉察情绪的同时，也通过情绪实现了对自我更好的理解。我们能够更了解自己，指导自己在什么情况下喜，在什么情况下怒，在什么情况下焦虑，又在什么情况下压抑难过，我们发现自己最在乎的是什么，最期待的又是什么。我们还可

以回忆自己上一次情绪的失控点，到底是什么让我们失去对情绪的控制。

下面我们通过一个练习来回顾自己的情绪历程，了解引爆我们情绪的点落在什么地方。

请详细地回忆一下，曾经让自己情绪失控的某一件事情，它从发生到结束，整个完整的过程到底是什么样的？起因是什么？我们情绪的爆点落在什么地方？

2. 理解情绪

注意到了吗？有时候，一件无足轻重的小事就足以让你气急败坏、怒不可遏。到底是什么点燃了你心中的怒火？试着问问自己这些问题——是感到自己受到了伤害吗？是因为你觉得别人对你的伤害是故意为之吗？情况真的严重到可以让你暴跳如雷吗？你确定不是因为自己太敏感而弄错了吗？有没有不发怒就能解决问题的方式？你愤怒发作到底想达到什么目的？是想让对方望而生畏，还是希望和他沟通？情绪来临，一定是要传递给你一些讯息，但在盛怒之下，你根本无法回答这些问题。只有等情绪的波峰过去，你的理性开始回归之后，你才能回答这些疑问，也只有这样，你才能真正知道接下来该做什么。

所以，看见情绪还不够，如果要达成与情绪的深度和解并与自己的情绪对话，我们还需要尝试听到情绪背后的声音。只有这样，你才能和你情绪之间达成更深的默契，才能从根源上与情绪化敌为友。所谓的情绪调控，绝不是要回避和镇压情绪，而是要深层次地去理解情绪、读懂情绪。我们借助对情绪的理解来更深刻地理解自己。

倾听情绪背后的声音

> **案例**
>
> 　　朱园长是出了名的高效率园长，管理园所的大小事情一丝不苟，特别严格。她对自己严格，对园所的教师也特别严格。只要有谁没有达到要求，就会当面指出其工作上的不足。在一次备战六一儿童节的活动中，因为环创的一些细节不到位，朱园长非常生气，严厉批评了几位教师没有责任心、没有创意。其实在创设幼儿园环境的过程中，朱园长自己是最辛苦的，每次加班她也都参与。她总觉得，只有自己把好了关，达到了标准，才是对工作负责。但是结果却发现，很多老师离自己越来越远。老师们一起聚会的时候，都不叫上自己。背后还有老师议论自己"独裁""霸道""不尊重人"……
>
> 　　时间久了，朱园长觉得自己和老师们之间产生了深深的裂痕，彼此之间似乎真的产生了敌意，她看教师们的行为也感到越来越不顺眼，无名之火频频升起。

　　在上面的故事中，到底谁对谁错？朱园长错了吗？朱园长心里非常憋屈，说起来义愤难平，心中充满迷茫：该做的我都做了，虽然我很严格，说话不够好听，可我的初心是好的，我不都是为了园所和老师们的发展好吗？怎么她们都看不到我的一番苦心？

而幼儿园的其他老师们错了吗？她们会认为，哪怕是非常小的错误，都会招来园长在大庭广众之下不留情面的批评指责，园长不仅不通人情，还不尊重人。

看，朱园长和老师们都感到委屈和愤怒，似乎每个人的情绪都是有道理的。显而易见，在情绪困局中强调"道理"常常没有意义。我们不能够停留在问题的表面，而应该到情绪的底层去寻找情绪的原因。情绪总是带着它自己的故事来的。每一种情绪都有它的故事，情绪的到来是想要倾诉你自己的心声和压抑着的想法。例子中的朱园长和老师们要想调整好各自的心情，就必须要能够读懂自己情绪背后隐藏的意思。

朱园长是一个好强的人，她希望园所能够在各项评选中脱颖而出；她希望自己可以高标准、严要求地执行规则。当她能够控制局面，有效地推进工作的时候，她会感受到愉悦、放松和自豪；而当她发现很多工作达不到她的标准，工作不能保质保量地完成的时候，她会感受到生气、焦虑和羞愧；同时，朱园长一直身先士卒地奋战在第一线，每一个细节她都参与其中，她对自己的行为是认可甚至是自豪的，她觉得自己做了一个园长该做的事情，理应得到大家的尊敬和接纳。但最终她却发现，大家并没有看到她的付出，对她的管理风格颇为抗拒，甚至要远离她。想到未来如何开展管理，朱园长觉得茫然和无助。这样梳理一下，我们会知道，朱园长情绪背后的原因是自己对于工作质量失控的焦虑，以及自己不被认同的愤怒。

我们再来分析一下老师们的反应。老师们认为自己加班加点地工作，兢兢业业地做好每一个环节，自己的表现是优秀的，至少是达标的。即使没有机会被公开表扬，至少也不应该被公开批评。当被园长公开说"不行"的时候，老师们内心的价值天平是失衡的，他们的内心难免会不服和愤怒。在工作的过程中，老师们不是没有自己的想法，只是园长实时在线监督指导，创意的火花往往还没有成形就被扼杀了，只能亦步亦趋地跟着园长的指示来做，最后却被说成没有想法和创意，老师们心中也觉得有苦难言。这样分析，我们就知道了，老师们的情绪在于：对自己没有掌控感，对工作的结果没有决定感，以及自己的价值感被挑战了。

在上面这个案例中，错位的情感其实来自对价值感的期待、控制感的诉求，双方的情绪的产生都是在认可与被认可、控制与被控制的跷跷板上拉锯的结果。大部分时候我们并不理解情绪产生背后的原因，常常陷入是非对错的争论当中。而很多事情是需要我们学会倾听情绪背后的声音，才有可能找到正确解决问题的方法。如果朱园长意识到了这一点，就能走出情绪的迷局，感知到情绪给自己的提示，从而意识到是自己太想掌控工作的进度，而给大家带来了压力，以及这个过程事实上并不利于大家发挥自己的创造性。同时，她也会更好地理解自己——原来自己正被一种失去掌控的焦虑所控制。这样她就能够更好地将工作化整为零，让整个团队一起来分担工作的压力，而不是自己承担了所有压力之后再将变形的压力传递给团队。她还能够理解自己的委屈来自价值不被确认、情感不被接纳，这样她也就能更好地正面表达自己的诉求，而不是反向表达——将自己渴望融入的情绪表达为愤怒的拒绝。

情绪的 ABC 理论

你看，如果我们不理解情绪的意义，就会迷失在情绪中，把问题搞得越来越糟糕。只有读懂情绪的潜在含义，我们才能够做出更精准的决策，采取更有效的行为。但是理解情绪背后的原因的确不是一件容易的事情。

今天，我们要给大家介绍一个关于情绪理解的理论，叫作"情绪的 ABC 理论"。这个理论由美国心理学家埃利斯（Albert Ellis）提出，这是一个应用价值很高的理论。所谓情绪的 ABC 理论，指的是情绪的完整链条包含 ABC 三个部分：A 即 Activating events，是激发情绪的事件；C 是 Consequence，是情绪带来的结果，也就是我们所感知到的各种情绪；A 和 C 是很容易被观察到的，是最为外显的，但 A 和 C 中间有一个 B，即 Belief system，人的信念。信念这个环节往往不被看见，却实实在在地影响着我们对于事物的情绪反应。根据情绪的 ABC 理论，人的消极情绪和行为后果（C），不是由于某一激发事件（A）直接引发的，而是由于经受这一事件的个体对它不正确的认知和评价所产生的错误信念（B）直接引起的。错误信念也称为不合理信念。正是由于人们常有的一些不合理的信念才使我们产生情绪困扰。如果这些不合理的信念一直存在，久而久之，还会引起情绪障碍和心理疾病。

情绪的 ABC 理论最有价值之处就是让我们看到：情绪其实是由我们自己所掌控的。在你了解这个理论之前,可能你会觉得,情绪都是别人带给自己的。在工作中如果领导表扬你,同事欣赏你,你就会很开心;如果领导批评你,同事也误解你,你就觉得特别不好受。此时,你觉得情绪是由领导和同事决定的。再比如说家庭关系中,如果孩子表现好、很听话,你便感到很高兴;而如果他写作业很磨蹭,总是闯祸,顶嘴叛逆,你的情绪就会晴转阴,甚至要来一个大爆发。这时你会觉得情绪是由你的孩子决定的。凡此种种,我们会得出结论——情绪是由外界因素决定的。

但情绪的 ABC 理论告诉我们:事实上,在决定情绪的环节中,真正发挥着关键作用的是我们的信念。个体对事物的观念或信念,既有合理、理性的一面,也有不合理、非理性的一面。合理的信念会引起人们对事物适当和适度的反应,而不合理的信念则会导致不良心理和不良行为。因此,我们需要去找到情绪背后的成因,理解情绪背后的信念,这样才能采取有效的情绪调节方法。而如果不了解情绪的成因,我们仅仅是依靠"堵"和"压"的方法来对待自己的情绪,非但于事无补,反而会加剧情绪带来的负面影响。

案例

叶子老师今年硕士毕业后,来到了幼儿园工作。幼儿园的园长对叶子老师寄予重望。叶子老师本人科研素养很好,平时很有想法。可是在每周教研讨论的时候,她却总是磕磕巴巴,甚至紧张到双腿发抖。所以,每周二的教研讨论几乎成为叶子老师最烦恼的事情。讨论会上她总是坐在角落里,希望大家别看见自己；甚至在头一天晚上，叶子老师也会因此而失眠。有一次，叶子老师忍不住抱怨："幼儿园教研犯得着这么较真吗？真是太麻烦了！"

表面上看，叶子老师对教研讨论感到厌倦甚至排斥，但其实真正让叶子老师感到焦虑的并不是教研讨论本身，而是她太希望自己能表现出最好的一面，害怕自己说得不够好被别人笑话。如果叶子老师能够看到自己情绪背后的真实诉求，读懂自己的恐惧和紧张，她就能采取完全不一样的应对策略。例如，她可以提前做一些功课和准备，有备而来；她也可以安抚和疏导自己的紧张情绪："放轻松一些，多听听别的老师的想法；别紧张，教研讨论是幼儿园的日常工作之一，我只需要将自己的想法表达出来就行。就算没能一下子抓住大家的耳朵，给大家留下多么深刻的印象，至少我也实现了交流和讨论的目标，这也是一种成长。"如果她看懂了自己的内心，读懂了情绪的声音，就能够和自我进行对话，并对情绪进行安抚和调节。

在人际交往中，还有很多时候也是由于我们不聆听、不理解自己的情绪，才导致了双方的情绪和行为不断彼此消耗。比如，我认识的另一位老师，她和相处七年的男友分手，内心悲伤，就让自己忙忙碌碌地用各种事情来逃避悲伤，一旦停下来就忍不住自怨自艾，觉得自己有诸多不好，甚至开始厌恶自己的家庭、个性和外表。她的悲伤后面隐藏着一个信念——我不好，我不配，我不值得……如果她能够理解，自己的悲伤来自自己深深的孤独感和无助感，就能更好地面对当下的自己——或是好好地哭一场，宣泄自己内心压抑的情感；或是好好和自己共情，接纳自己的孤独和无助，抚慰自己。唯有如此，才能在当下的情绪中，生长出自我和解之花，才有勇气走出当前的困局，迈向更好的自己。再比如，一个老师在家里总是发脾气，而且每次发脾气都与自己孩子有关系。她总是觉得孩子学习不认真，用各种方式敷衍摸鱼。但后来，她逐渐读懂了自己的情绪：她很担心，如果孩子不超前学习，不超负载学习，就无法当学霸，将来就考不上好大学，找不到好工作……是由于她的内心有一个"今天不好好学习，明天就没有出息"的潜在逻辑，才让她如此焦虑。她理解了这一点，就能破解焦虑的"链条"，她可以告诉自己："超前和超强学习不一定能学好，也不一定就能让孩子拥有幸福的未来和健康的人格。""先有了幸福的童年，孩子才能有幸福的未来。"……这样，只要她内心的信念变更了，就能采取有效的措施来安抚自己的焦虑并改善亲子的关系。

总之，每一种情绪的背后都是我们潜在的信念在起作用，每一种情绪的背后都有不同的信念。一般来说，愤怒情绪背后隐藏的信念是"你本来应该×××，但是你却×××"。悲伤情绪背后隐藏的潜台词一般是"我不值得被爱"。焦虑情绪背后的潜在信念则是"如果不×××，就会导致×××的后果"。

说到这里，改变情绪的根本办法就快要水落石出了。根据情绪的 ABC 理论，我们可以通过改变信念 B 来改变情绪的结果 C。不过，直接运用情绪的 ABC 理论是很不容易的。因为在情绪 ABC 的链条中，A 和 C 是外显的，我们能够轻而易举地看到，我们会直觉地认为，情绪结果 C 就是触发事件 A 直接造成的，是天经地义的，就像是 1+1=2 一样，不需要证明。例如：就是因为你不信任我，所以我难受；就是因为你不理解我，所以我生气……而 B 信念这个部分是隐藏的，我们常常是看不到它的，但是真正在其中起到触发作用的，是 B 这个环节，你的想法决定了你对这个刺激会选择什么样的反应方式。要实现对情绪信念的理解，需要我们能够以分析的眼光来看待情绪的实践，并进行刻意练习。

练习

　　我们现在来练习一下，如何看到这个隐藏的 B 环节。你是否也曾经历过下面这些情境或有类似的感受？试着读懂情绪背后的隐藏着的错误信念。

　　☐ 我不高兴是因为你不听我的

　　A：你不听我的 B：＿＿＿＿＿＿＿＿＿　C：我不高兴

　　（我觉得你必须听我的，你如果不听我的就意味着我对你失去了价值和影响力……）

　　☐ 我感到委屈，就是因为你不认可我

　　A：你不认可我 B：＿＿＿＿＿＿＿＿＿　C：我感到委屈

　　（我付出那么多，做了那么多工作，我应该得到你的认可，但是你并没有；我需要得到你的认可，你的认可让我有价值感……）

　　☐ 我很害怕，因为领导不满意

　　A：领导对我不满意 B：＿＿＿＿＿＿＿＿＿　C：我害怕

　　（领导的不满意是我导致的，我可能会因此而失去发展和晋升的机会……）

3. 情绪的自我调控

3—6 岁是人生的"湿水泥"阶段，一个人的个性和社会性就是在这个关键期形成的。在这段时光中，无论家长还是教师，他们对待孩子的方式都是在塑造孩子对世界的安全感，改变孩子的个性，构建孩子的性格。按照生态系统理论，教师是影响幼儿发展的"小生境"[①]中最重要的人，教师的情绪是幼儿发展的"催化剂"。孩子会内化教师的情绪，教师如何对待孩子，孩子也会如此对待自己，并形成对自己的价值判断。这就要求教师能够从幼儿身心健康发展的视角去认知和提升自己的情绪能力，能够有效地调节自己的情绪。人有喜怒哀乐，教师也是一样，也会经历不同的心境，遇到不同的人和事，也难免心绪波动或者意难平。剧烈的情绪，尤其是强烈的愤怒会降低人的理智水平。一旦丧失理性的约束，一个人往往会做出许多过激行为，甚至会打破师德底线，虐童行为往往与情感的失范与失控有关。因此，教师应当坦然面对并控制自己的负面情绪，保持稳定的心理状态，甚至根据孩子发展的需要，将自己的情绪塑造成教育的工具。情绪调节，是每一位幼儿教师胜任自己的工作必备的素养和技能，更是成为优秀教育者必修的能力。

---

① "小生境"原是一个生物学的概念，是一个物种所处的环境以及其本身生活习性的总称。在教育领域中，小生境指在教育情境中，教育者、受教育者、教育内容、教育环境交互作用，形成一个微型的生态系统。

通过前面的内容，我们已经了解了如何觉察和理解自己的情绪。现在，我们一起来探索如何改变和调节自己的情绪。情绪调节是当代情绪心理学研究最集中的一个领域，心理学家对情绪调节不仅进行了深度的理论探讨，还发展了多种实用的情绪调节方法。情绪是由外部的表情、内心的体验、大脑的认知以及生理的反应等多个环节和要素构成的，我们可以从情绪的不同环节介入，来进行情绪调节。

表情调节法

脑神经科学的研究发现，控制表情、思维以及情绪体验的神经系统是互相联动的。大家都知道改变思维和心情可以改变表情。例如，当你高兴时会手舞足蹈、笑容满面；当你心情不好时，则会垂头丧气。这说明内部情绪可以影响外部表情，我们不知道的是，这种影响的途径反过来也是成立的，表情反过来也会影响我们的思维和心情。情绪能够形成循环——越是心情不好，表情就越是消极；越是板着脸，一脸苦大仇深，就越是心情好不起来。在幼儿园的游戏中、课堂上、师幼互动中，教师表情严肃冷漠、板着面孔，声音没有温度或者姿态僵硬，不仅不能激活课堂、鼓励幼儿，还会反作用于教师自己，使原本轻松愉快的心境变得沉重起来。消极的心境又会使大脑皮层细胞受到抑制，使许多先前储存在大脑中的信息难以提取出来。即使是事先准备好的内容，也会讲得干巴巴，甚至丢三落四、漏洞百出，其课堂教学效果可想而知。

　　此时，可以试试表情调节法，表情先行，心情跟上。表情富有连接心情的通路，我们通过有意识地改变外部表情，也能调节情绪。英文里有个俗语叫 Fake it and make it，就是这个意思。外在的表情包括面部表情，也包括肢体表情和声音表情。修改和调节我们的面部表情、声音表情以及姿态表情，都可以有效改变自己的情绪。

　　当你希望缓解自己的紧张情绪，你可以有意识地放松肌肉，不要咬牙，不要握拳，将两手伸开；或是用手搓搓面部，让僵硬的面部表情得到舒展和活动；你也可以尝试发出声音，用轻松的语调和自己说几句宽慰的话。

　　当你情绪低落、郁闷，希望自己高兴起来，也可以先做出高兴的表情。快乐时的面部肌肉会让人有更舒畅的情绪，可以使情绪得到优化。这也就是说，当你不开心时，你可以假装自己很开心，呈现开心时的面部表情、声音表情或者姿态表情。持续 10 秒左右，你会发现心情可能真的变得愉快了。在沉闷的早晨，对着镜子中的自己微笑一下，会感觉到心中吹进来清凉的风，愉快的情绪也随之到来。在心理学实验中，心理学家要求受测人员用牙齿咬住一根小棒，刻意做出微笑的面部表情，结果发现受测者的情绪真的得到了改善。除了使用面部表情，我们也可以借助声音表情，如说话的时候适当提高音调，以更加轻快的节奏来说话，这样自己的心情会变好，人际交往的兴趣也会得到提升。

　　有时候我们需要给自己松散倦怠的状态注入力量，这时候可能需要来一些愤怒的元素。我们同样可以用表情来诱发愤怒情绪。例如，回想自己一年来碌碌无为，浪费了不少时间，现在我们下定决心奋起直追，可能这时候你眉头一紧、眼睛一瞪、嘴唇一咬、双手用力一握拳，愤怒的情绪就会被你的表情和动作自然地调动起来了。你甚至可能会拍案而起，或者大喊一声："我命由我不由天！"声音和语言更能增加愤怒带来的力量感。

还有一种很实用的综合性的表情调节法——心情不好的时候不妨找人说说话，聊聊天。人与人在沟通的过程中会产生表情的交互，在这个过程中，与情绪有关的神经活动会自动得到调整，心情也会因此得到改善。

教师对表情调节法的使用往往更加多元，教师的情绪不是摆设，而是沟通和教学的工具。教师需要像使用教具和教学手段一样，灵活和有策略地"使用"自己的表情。例如，在进行拔河比赛的时候，教师适当地表达愤怒情绪，营造愤怒氛围，能更有效地提升大家的士气。在讲述悲伤的故事的时候，教师也可以营造有着淡淡忧伤的情绪氛围。不过要注意的是，使用表情调节法的前提是我们对情绪，尤其是愤怒情绪，有充分和可靠的觉察力。如果我们对自己的情绪缺乏觉察，常常会不知不觉地陷入情绪化的模式，不是利用情绪，而是陷入情绪了，最后导致事情无法处理或者收不了场。此外，仅仅依靠或者过度强调表情的调节法也会带来副作用，因为即使修改了情绪的"表层"，但内心的疙瘩依然还在，一个人总是"强颜欢笑"或者"故作姿态"，而忽略深层的认知调节，不但问题得不到解决，情绪的压力还会进一步累积，甚至有些个体也容易有"表演性"的倾向。

知识拓展

情绪反馈假设

你是否发现了表情和我们心情之间的联系？对自己笑一笑，真的能够让你拥有更好的心情。假装悲伤，也常常会变成真的悲伤。很多研究表明，人为表现出某种面部表情，能导致与其相应的情绪体验的产生或增强，这种人为面部表情对情绪体验具有反馈效果的观点，被称为"表情反馈假设"。

"表情反馈假设"的理论可以追溯到达尔文（Darwin）与詹姆士（James）这两位情绪研究的先驱，正是基于他们的早期思想，现代的理论家才得以提出"反馈"的概念，并将"表情反馈"的假设纳入到有关的情绪理论中。

练习

塑造表情，调节心情

请做出以下表情：高兴、愤怒、悲伤、恐惧、厌恶、嫉妒、内疚。借助镜子或照相机的自拍功能，观察自己的表情，同时对自己的心情进行评分：1分代表很不开心，依序渐变，10分代表非常开心。

各种表情的激发都可以用到表情调节法，并且表情调节法还具有非常个性化的模式。每个人激发情绪的表情模式可能有所不同。现在就可以对着镜子试一试，看看你适合用怎样的表情调节法。

注意力调节法

还记得情绪的 ABC 理论吗？在情绪的 ABC 理论中，C 是结果，A 是直接原因，B 是潜在的信念。因此，要改变情绪结果 C 有两种方式：一是通过改变外部条件来改变情绪，即改变情绪中的 A；另一种是通过改变一个人潜在的信念，即 B。现在，我们先来探讨第一种方式，即改变情绪的外部诱因 A。或许你会认为，情绪的外因是客观的，不是我们想改变就能改变的。没错，不过我们可以调节我们的注意力来"选择"环境对我们的影响。当你感到烦恼的时候，下面三个转移注意的方法或许能够让你感到"柳暗花明又一村"。

人类都是趋利避害的，我们可以主动靠近那些让我拥有好心情的事物，例如，当我们感到疲惫烦恼，干脆来一场说走就走的旅行，暂时离开眼前压抑的环境，到一个山清水秀、颐养心灵的地方。庄子说："天地有大美而不言。"大自然真的是最好的疗愈师。当眼前的事情让我们进退维谷，不如先让我们把注意力转向大自然的清风明月。环境对我们心情的疗愈功效早就得到了心理学研究的证实。窗明几净的环境让我们的心情也变得简单敞亮，而脏乱拥挤的环境则会使人压抑和烦躁。所以，主动改造居室环境也是对情绪的一种呵护。

有的时候，那些不舒服的情绪一旦产生，往往不易控制，但是不调节好情绪又会给当前的情况带来更加消极的影响。这时，必须采取迂回的办法，把自己的情感和精力转移到其他事情或活动中去，使自己没有时间沉浸在消极情绪之中，从而实现情绪的转化。无聊导致多愁，工作和学习则能给人以欢乐。研究发现，人在过于闲暇和无聊的时候，最容易受到烦恼和不快的侵袭，而忙碌的人则往往是最快活的人。一些在事业上有卓著成就的人在回忆一生的经历时，常常觉得最快活的时光是自己艰苦学习和工作的时候。所以，我们也可以通过一些行为来调整自己注意力的焦点。例如，当受到情绪困扰的时候，不妨让自己投入充实的活动中——忘我地工作，读一本书，看一场电影，参加一个聚会，或者收拾一下自己的房屋……你静下心去做一件事的过程，也是一个心理释放和疗愈的过程。就拿收拾房间来说，随着一件一件物品被摆放在合适的位置，随着我们不断地选择和舍弃，我们的心情也会在这个过程中变得窗明几净。

或许有人会说，这样是不是在逃避问题呢，听起来有一点儿"阿Q"。当面对一些不可解的问题，学会回避，也不失为一种办法。暂时地逃避并不代表我们怯懦，而是我们在别无他法的情况下，保存自己力量的一种方式。生活中总会有一些让人进退维谷的窘境，让我们的情绪遭遇困局。可能我们此时并没有足够的力量去彻底解决这个问题。如果明知不可为却不放过自己，钻牛角尖，非得跟自己过不去，则会让问题变得更糟。那不如让我们暂时放下这个问题，以逸待劳，韬光养晦，待我们积攒力量，时机成熟时再去解决这些问题。有时候问题的解决方案恰恰是当你不再执着的时候才会灵光闪现。等自己酝酿出更好的思路，等时间给出更好的答案，等事情出现了转机，我们再来解决问题，或许会有更好的效果。

要注意！注意力转移法只能在我们缓解焦虑时作为一个过渡性的工具，切不可将其变成我们情绪调节的主旋律，因为这个方法的副作用也是很明显的。例如，还有人用"佛系"和"躺平"

的态度面对生活的压力和工作的挑战，对所有让自己感到焦虑的事情都采取听之任之、不管不顾的态度，甚至通过自我麻醉来摆脱焦虑。自我麻醉的方法有很多：看小说，打游戏，刷抖音……只要有时间，就立刻进入到麻醉状态；但是，一旦面对现实生活，焦虑感就会变本加厉地重新袭来。此时，注意力转移法可能反而是饮鸩止渴，因为一个人越是自我麻醉，就越没有足够的时间去清晰地思考，这样终将浪费生命的激情，错失生命的精彩。

 练习

转移注意力的N个好办法

- ☐ 打开家庭相册，重温过去的美好时光。
- ☐ 去电影院看一部喜欢的影片。
- ☐ 闭上眼睛舒舒服服地坐着，聆听一段熟悉而美妙的音乐。
- ☐ 去公园散散心。
- ☐ 回忆你曾经拥有的最幸福的时光。
- ☐ 给爱说笑话、懂幽默的朋友或亲人打个电话。
- ☐ 品尝一份特别精美的食品。
- ☐ 随意作愉快的遐想，哪怕只有五分钟。
- ☐ 挑选一种与自己工作性质完全不同的业余爱好。
- ☐ 做按摩，它能有效地帮助你放松自己。
- ☐ 打打球，活动一下身子。
- ☐ 坐下来给自己的亲人或朋友写一封信。
- ☐ 专门为自己献上一份礼物。
- ☐ 上理发店去美化一下自己。

☐ 变换一下口味，品尝一种平时不吃的食品。

☐ 提早起床，外出散步。

☐ 做一件完完全全只为自己的事情。

☐ 独自一人用餐，避开闲言碎语。

☐ 闭上眼睛，独自静坐十分钟。

☐ 努力将用餐时间变为自我放松和休息的时间。

☐ 彻底清理妨碍工作的一切多余物品。

情绪宣泄法

情绪是一种能量，当消极的情绪充斥我们的大脑和心胸时，我们要将其宣泄出来，否则我们可能会像鲁迅先生所说的那样："不在沉默中爆发，就在沉默中灭亡。"要么在压抑中以极端的方式爆发情绪，要么磨灭自己生命的激情。及时、恰当地宣泄情绪，是我们维持情绪健康和心理健康的重要方式。情绪的宣泄其实并不难，生活本身就具有释放和平衡心绪的多种渠道，有很多种方式都可以帮助我们宣泄情绪的压力。

在你感到悲伤时，很多人会劝你：忘掉那些悲伤吧，多想想开心的事情。但其实，悲伤的情绪不是想忘就能忘的，人们只能选择面对。所以，当悲伤情绪来临，我们可以坐下来，让自己静静地在悲伤的氛围中待一会儿，感受这种情绪，并且允许自己流下眼泪——实验研究表明，这是一种最容易让心情变好的方式。

愤怒情绪也需要得到适当的宣泄。如果愤怒的火已经在内心点燃，适当宣泄的效果会比盲目扑灭怒火效果更好。一味隐忍并不能真正解决问题，相反，累积的愤怒可能会在某一个无法再忍耐的点上更加强烈地爆发。愤怒的隐忍还会带来很多长远的问题，例如会破坏人与人之间的正常关系，还会影响一个人的思维和行为模式，甚至导致各种身体问题，引发高血压、心脏病、头痛、皮肤病等疾病。至于是否宣泄和如何宣泄愤怒情绪，关键是找到一个平衡点。

有很多种方式都能帮助我们宣泄淤积于内心的情绪。

● 用声音宣泄：寄情于高歌，或者在喊山喊海的过程中宣泄情绪。

● 大哭一场：眼泪并不代表懦弱，流泪更不是丢人的事情。难过了大哭一场，擦干眼泪收拾好情绪继续前行。

● 运动：进行体育运动的时候大脑会分泌让人感到快乐的多巴胺。来一场酣畅淋漓的运动，不愉快的情绪就能随着汗水而挥洒出去。而且在运动过程中可以梳理自己的情绪，事情理顺了自然压力就减少了。

● 写日记：当突如其来的愤怒袭上心头，和他人进行火药味十足的沟通只能让局面变得更糟。有些人不喜欢向别人倾诉，那么可以通过写日记的方式宣泄自己的情绪。

● 有些地方有"宣泄室"，可以在里面尽情踢打喊叫。这也是不错的向环境表达情绪的方式。

● 人际倾诉：当遇到情绪困扰，随之而来的孤独感会让我们的坏情绪雪上加霜。与社会连接能极大减轻情绪的压力。如果我们将内心的感受与社会网络中的他人分享,如家人、朋友、同事、邻里、老师以及各种社会服务机构，甚至是网络上的朋友，都是对情绪的有效宣泄和释放。当我们当遇到问题的时候，不妨打开自己的心门，向亲朋好友倾诉或求助。

当然，发泄这一方法同样也需要注意正用和误用。有些人情绪不好时采用恶意发泄的方式，比如喝酒买醉、摔东西、吵架等。这些不分场合、对象、后果的发泄，不但不能给我们的心理和健康带来疗愈，还可能将我们的人生推向危险的悬崖。我们需要对自己发泄情绪的状态进行觉察和监控，有节制、有理性地使用积极的发泄调节法。

放松训练、正念练习和冥想

起源于东方的正念冥想等内修的方式，在最近十几年来，被越来越多的科学实验证实其合理性，并被越来越多的人用于缓解压力、优化心情、促进健康。

故事

有一个流行的词叫作"活在当下"。这是一种什么样的状态呢？有这样一个故事。小和尚问师傅："我们修行了这么多年，到底在修什么呢？"师傅回答："修行以后，我们吃饭的时候吃饭，劈柴的时候劈柴，睡觉的时候睡觉。"小和尚很纳闷："修行之前，我们不也是这样吗？"师傅说："在修行以前，我们是吃饭的时候想劈柴，劈柴的时候想着睡觉，睡觉的时候就想吃饭了。"你看这个故事说的就是活在当下和没有活在当下的区别。活在当下的时候，心是平静和安住于当下的；没有活在当下，心就散乱纷飞，各种烦恼就纷至沓来。

放松训练是人从紧张状态松弛下来的一种练习过程。放松有两层意思，一是肌肉的松弛，二是消除紧张的心理感受。放松训练的目的是通过肌肉的放松，使整个机体活动水平降低，达到心理上的松弛，从而保持机体内环境的平衡与稳定。大量研究证明，放松训练是一种对抗压力的有效方法，可以减轻头痛、失眠、焦虑、高血压等症状。

正念是从坐禅、冥想、参悟等发展而来的一种自我调节的方法。正念训练的基本方式是有目的、有意识地关注和觉察当下的一切，而对当下的一切不作任何判断、分析和反应，只是单纯地觉察它、注意它。"关注当下""活在当下"是正念的核心要义。正念训练强调的是有意识地觉察、将注意力集中于当下，以及对当下的多种想法和信念都保持客观、不作评判。科学家发现正念训练能够有效改善一个人的心理状态。在哈佛大学的一项研究中，研究人员对 16 名志愿者进行了为期 8 周的冥想课程训练。志愿者每周参加集体活动，进行呼吸练习、瑜伽以及身体扫描练习。研究人员在实验前后对志愿者进行大脑 MRI 扫描，然后和没有进行冥想训练的对照组相比。结果表明冥想训练组的志愿者的大脑中，包括左脑海马体、后扣带皮层、颞顶联合区等脑部区域在内的与记忆、学习以及情感控制密切相关的灰质层有明显的增长。

冥想是一种特殊的放松训练，放松和正念训练都需要借助冥想的方法。很多心理学实验都发现，每天花 10 分钟进行冥想，可以有效缓解我们的焦虑情绪并释放压力，使我们获得内心的平和与宁静。冥想并不是控制或压抑负面情绪，而是一种帮助我们正常地看待它并接受它，进而调节消极情绪的方法。冥想可以使身体恢复平静，提高放松的水平。日常生活中，冥想不仅仅可以调节情绪，还可以使大脑的专注力更敏锐，记忆力更好，处理多重任务的能力更高。

生活中，通过放松、正念和冥想来调节情绪有很多种方法。例如，我们可以创造专门的内心平静时刻，在专业人士的帮助下进行专门的正念冥想或者放松练习，这已经成为不少人的生活方式。我们还可以选择自己喜欢的放松方式来调节状态，例如瑜伽冥想、听轻音乐、绘画等，这些活动也能够让人关注当下，带来放松和冥想的效果。

除了专门的训练，更重要的是在生活中实现"活在当下"的正念理念，将正念和生活紧密结合在一起，获得愉悦和平静的力量。禅宗里面有个说法叫作"行住坐卧皆是禅"。我国的心学大师王阳明也强调"事上磨"。对我们幼儿教师来说，工作和生活本身处处都是我们历练心智、实现正念的情境。和幼儿互动的时候，我们全身心地投入师幼互动中；做家务的时候，我们专注地做家务，感受这个过程中的积极和喜悦的体验；写文章的时候则沉浸在文字中，感受文字营造的氛围……我们也可以在工作、学习等每一个具体事件中，将关注点放在当下，在专注中体会平静，在探究中感受喜悦，获得心（heart）、意（will）、念（mind）的同频，使内心获得宁静。这样我们就能够在喧嚣的生活中随时随地获得力量。

正念冥想示例

1. 找一个舒服的位置坐下，后背挺直，脖子尽量伸长，上半身形成一条直线，把脚舒服地放在地板上，可以把手放在腿上。

2. 闭上眼睛，把注意力集中在呼吸上，深深地呼气、吸气，重复几次。

3. 一边呼吸一边将注意力轻轻地转移到身体上，扫描你的全身，从头部开始，接着是双肩、手臂、躯干、腿部，依次向下，直到脚趾，找到你身体感到紧张的地方，把注意力转移到上面，观察和觉察这紧张的感觉，接受它，不要否认或者压制这种感觉，因为感觉本身并没有对错之分，你只需观察它、接受它、与它同在，重复几次呼吸，此时你会因接受而感到轻松。

4. 轻轻地把注意力从那个地方移开，回到呼吸上，重复几次呼吸。

5. 慢慢地睁开眼睛。

认知调节法

"外面的世界很精彩，外面的世界很无奈。"我们不可能按照我们的心意去随意改变外部世界中的事物，消灭一切让我们感到不开心的人和事，也不可能永远"生活在别处"，以逃避眼前的烦恼。这些人和事或许早已存在和发生，或许有着深深的根源，而如果我们将情绪归咎于它们，并且试图改变这些外在的因素，只会收获深深的挫折感和无力感。但是，如果你有机会去看见自己的内在信念，我们则有着 100% 的主动权。我们完全可以主动去探索自己的信念，改变那些不适宜的信念，从而掌控自己的情绪，去主动应对和解决情绪的困扰。

正如前面我们在"理解情绪"这一部分所述，每一种情绪背后都有一个信念。改写情绪背后的信念，是我们调节情绪最重要的方法之一，这种方法也被称为"认知调节法"。在多种调节情绪的方法中，认知调节法是效果最显著和应用最普遍的方法之一。认知调节的方式和方法很多，例如换位思考、框视重组、合理化、自我辩论等。换一种想法，换一种心情，通过认知的调节，让"幸福就在转念间"。

（一）换位思考

故事

一人请一个盲人朋友吃饭，吃到很晚，盲人说："很晚了我要回去了。"主人就给了他一个灯笼，盲人生气地说："我本来就看不见，你还给我一个灯笼，这不是嘲笑我吗？"主人说："你看不见，别人看得见，点上灯笼，这样你走在黑夜里就不怕别人撞到你了。"

当我们换位思考，站在别人的角度考虑问题的时候，我们的情绪反应也就自然而然地发生了变化。换位思考指的是我们采择他人的观点，站在他人的视角去看待问题。每一个人的经历、立场不同，所处的环境也不同，如果不经过换位思考，我们就很难理解他人的感受。因此，当他人的行为和反应和你的预期不一样的时候，请不要烦恼甚至愤怒，而是将心比心，了解他人的处境和难处。

换位思考即站在他人的角度来考虑问题。同样的事情在不同人的眼中具有不一样的含义。类似于上面案例中的事件，在生活中比比皆是。一个母亲，总是希望女儿能得到女婿的呵护和照顾，少承担家庭中的辛苦和不易，却又希望儿子能够娶一位以家庭为中心的贤惠的妻子。当你开车时，你觉得拥挤的人群特别讨厌；而当你走路时，又对川流不息的车辆感到无奈。你是顾客，会认为商家太暴利；你是商人，会觉得顾客太挑剔……如果我们没有换位思考的能力，永远站在自己的角度看别人，那么我们所得出的结论永远都是糟糕的。而只有换位思考，将心比心，设身处地考虑对方的感受，才能创造良好的人际关系。

换位思考是一件"知易行难"的事情。我们都知道人与人之间应该换位思考，但是实际执行的时候却发现困难重重。这固然是由于我们习惯了从自己的角度看问题，但更多情况是因为我们缺乏换位思考的能力。换位思考既是一种选择与心向，更是一种能力。幼儿教师的换位思考就是心向、知识和能力的复合体。学前教育有一个很大的特点，就是孩子和教师的心理状态、知识状态、思维状态中间有巨大的差距，学前教师工作的专业性很大程度上就取决于教师具有读懂儿童的能力。如果你愿意并且能够读懂儿童，就能够真正融入儿童的世界中，与他们联通；如若不然，你就只能在幼儿的世界之外无能为力地指手画脚。

案例

薛老师发现丫丫最近有个"奇怪"的习惯，总是拦在游戏区的门口，不让别的孩子经过。一些孩子在游戏区门口和丫丫发生了争执，还有一些孩子则来和薛老师告状。薛老师走过去问道："丫丫，你为什么不让小朋友们通过啊？"丫丫却一声也不吭。这时候，对丫丫特别了解的华老师走过来，假装在丫丫身上点了几下，还发出了"嘀嘀嘀"的声音。神奇的是，丫丫马上就把入口给让开了。原来，丫丫是在玩假装游戏呢。她此时把自己想象成了一个门禁密码锁，这个密码锁不会说话，只有输入了密码，才能打开。

这样的情况同样出现在家庭教育中。幼儿教师不仅仅需要自己具备换位思考的能力，还应该引导家长换位思考理解孩子。

案例

有一位妈妈想带自己四岁的女儿去商场，可是女儿却不愿意去。母亲觉得很奇怪，商场里有那么多好吃的和好玩的，孩子为什么不愿意去呢？直到有一次，这位妈妈蹲下来为孩子系鞋带，才发现一种从未注意过的景象——眼前全是晃动的腿和胳膊。

正如上面的例子所示，大人常常抱怨孩子们为什么不听话或者不讲道理，但是很多家长却不了解从孩子们的视角所看到的世界。多少家庭情绪的困扰就来自亲子之间无法换位思考。而在成人与儿童的互动中，成人善于换位思考不仅能够营造沟通氛围、提升沟通效果、培养亲子关系，更能够培养孩子观点采择和换位思考的能力。

总之，家长和教师，如果失去了"蹲下来看看孩子的世界"的能力，失去了与学生换位思考并反思教育心向的能力，那么和孩子们的中间就有了一条不可逾越的鸿沟。只有主动蹲下来，我们才能理解孩子们的世界。

（二）框视重组

故事

古时有一位国王，梦见山倒了、水枯了、花也谢了，便叫王后给他解梦。王后说："大势不好：山倒了指江山要倒；水枯了指民众离心，君是舟，民是水，水枯了，舟也不能行了；花谢了指好景不长了。"国王惊出一身冷汗，因此患病，且病情越来越重。一位大臣要参见国王，国王在病榻上说出他的心事，哪知大臣一听，大笑说："太好了，山倒了指从此天下太平；水枯指真龙现身，国王，你是真龙天子；花谢了，花谢见果子呀！"国王听后全身轻松，很快痊愈。

这个故事给我们的启示是什么呢？解梦或释梦的过程，就是给梦赋予意义的过程。人之所以有情绪，是因为我们对事情做出了不同的解释。对同一件事，不同的人认知方式不同，思考的角度不同，自然会有不一样的情绪反应。我们看到的世界不是它的原貌或全貌，而是透过我们的有限认知所感知到的"视界"。我们看问题的角度往往决定了我们认知的边界，这就是"框视"效应。在生活中，我们经常把从某一个视角看到的"框"中的景象作为事物的全部，由此导致各种各样的误会和悲剧。将"框视"的原理应用到情绪调节上，如果我们能够换一个视角来进行理解，可能就会看到事物不同的侧面和意义，从而实现情绪的调节。有些事情可能并没有那么糟糕，只不过我们仅仅看到了问题消极的一面。面对情绪的困扰，我们不妨使用"框视重组"的方法，从不同角度解读事件，我们的情绪和感受也会水到渠成地发生转变。应用"框视重组"的方法，你会发现：有些问题并没有想象得那么糟，可能就是人生中的一小段时间；很多看起来"山重水复疑无路"的时刻，却正是"柳暗花明又一村"的转折点。

练习

用"框视重组"的方法看待那些让我们头疼的事情，学会感恩和欣赏我们的生活。

一大早被闹钟吵醒，说明还活着；

不得不从被窝里爬起来上班，说明没有失业；

收到一些短信，朋友约吃饭逛街聚聚，说明还有人惦记自己；

觉得上司的话十分刺耳，说明耳朵没有毛病；

衣服越来越紧，说明吃得还算营养；

还能发出会心的微笑，说明你是快乐幸福的。

（三）合理化

故事

> 罗斯福在当选美国总统之前，家里被窃，有个朋友写了封信安慰他。罗斯福回信说："谢谢你的来信，我现在心中很平静，因为：
>
> 第一，小偷只偷走了我的财物，并没有伤害我的生命。
>
> 第二，小偷只偷走一部分东西，而非全部。
>
> 第三，最值得庆幸的是，做贼的是他，而不是我。"

当追求的某一个目标不能实现时，当遇到了一些挫折和糟心的事时，人们会找理由为自己开脱，使自己心理上得到安慰；有时人们也会找出一些借口来掩饰自己的行为或掩饰不愿承认的事实，心理学中将这样的行为称之为"合理化"。当事情已然发生，我们只能接受这样的现实，这时候合理化成了一种心理调节的方法。

合理化最典型的例子就是"酸葡萄和甜柠檬效应"。狐狸只有一个柠檬，它想吃葡萄，但葡萄太高够不着，这时狐狸想："这葡萄哪有柠檬好吃？葡萄多酸啊，还是柠檬甜。"心理学家借用《伊索寓言》中的这个故事来比喻一种心理效应——当一个人在追求某个目标失败时，通过贬低目标的价值，强调自己已有的东西和能力更有价值，来进行自我安慰，减轻内心的失落和痛苦。"酸葡萄和甜柠檬效应"其实也是我们平衡认知、调节情绪的一种重要的方式。上面罗斯福的案例就是"酸葡萄和甜柠檬效应"的生动应用。双效运用"酸葡萄和甜柠檬效应"，可以缓解我们由于人际比较和过度好胜带来的心理压力，让我们看到自己的潜力和优势，重新建构自己的个人信念，发挥心理调节作用，营造积极的情绪。例如，当我们看见社会中的一些职业正处在"风口"上时，我们常常会告诉自己，别人的行业有别人的精彩，我的行业也有自己的精彩。作为教师，我们的收入与他人相比不一定很高，但是我们受到社会的尊重和认可，我们教书育人拥有自豪感和成就感，我们拥有创造和思维的自由状态……这些都是我们的职业赋予我们的特别收获。

或许有人会认为，这是不是有一点儿"阿Q精神"呢？没错，追求幸福是不能过于较真的。生活中，我们不可避免地会遇到许多不愉快的事情，并且很多事情是我们无法左右或改变的。保持适度的"阿Q"的"精神胜利法"，能给我们的生活带来平衡和幸福感。

案例

在上个月星星幼儿园的竞聘中，有三位老师参与了副园长岗位的角逐。丁老师险胜一筹，成功竞聘，米老师和张老师都没有选上。米老师觉得，这个结果也挺好，这样自己能够有更多的时间和幼儿互动，还能有时间做一些教研。可是张老师心态失衡了，她并没有从自身找原因，总觉得丁老师竞聘成功是因为"上面有人"，会"拍马屁"。同样都是用了"酸葡萄和甜柠檬效应"的情绪调节方式，但是两位老师最后的情绪调节结果差异很大。米老师很快实现了情绪的平复，并找到了自己新的努力方向。而张老师的思维方式不但不能让自己走出挫折和郁闷的旋涡，而且对自己长远的发展产生多种消极的影响，这是错误使用"酸葡萄和甜柠檬效应"的结果。

　　任何心理调节都有一个"度"，凡事都有积极和消极两面。如果将"酸葡萄和甜柠檬效应"过度应用，就会从心理调节变成自我欺骗。例如，有人推崇单身的好处，认为一个人有一个人的自由，这无可非议，但如果一定要认为"婚姻是爱情的坟墓，家庭是自由的枷锁"，这就走到了另一个极端。还有人没有如愿考取心仪的大学，他可以安慰自己，社会竞争更加看重个人能力，学历其实也没那么重要。但如果他偏执地认为"高学历的人都是高分低能"，这不但不能给自己的情绪带来缓解，反而会让自己在愤世嫉俗中更加脱离社会。过度使用"酸葡萄和甜柠檬效应"可能会让一个人不能面对现实，为自己所受的挫折找借口，明知自己的问题在哪儿却不去理性面对，最终不仅无助于问题的解决，还会导致自我意识的萎缩，形成不良的道德意识和行为习惯；更为严重的是，这种心理容易使自己丧失奋进的意识和正确看待事物的视角，逐步失去自信心，落入恶性循环而无法自拔。

　　我们看到了使用"合理化"这种情绪调节方法具有积极和消极两方面。这提示我们，使用这种情绪调节方法的时候务必要注意适时和适度，同时作为教师，更要善用"合理化"进行"合理"的教育引导。否则，就是"阿 Q 精神胜利法"了。

练习

运用"酸葡萄和甜柠檬效应"法则，对下面的状态进行评价，补充自己的状态并进行评价，发现生活中的"小确幸"。

□ "网红经济"时代，很多人都当主播带货，收入不菲。而我作为幼儿教师坚守在教育的岗位上，心中也难免会有波动。

□ "五一"的时候，由于要加班就没有外出旅游，看到微信朋友圈里各种晒风景，我也心痒痒的。

□ 我发现我就是"淘气王"，连续三年，最淘气的孩子都在我们班级。

□ ＿＿＿＿＿＿＿＿＿＿＿＿＿＿＿＿＿＿

（四）自我辩论法

很多时候，导致我们情绪出问题的并不是情绪本身，而是情绪背后隐藏的那些信念出现了偏差。从前面的讲述中，我们已经理解到每一种情绪背后，都有着一个隐藏的信念。例如，愤怒常常是因为"我觉得你应该……但是你却……"，焦虑背后的信念常常是"如果不……就会有一个可怕的后果"。因此，改变情绪的一个更加直接的方法，就是通过自我辩论来改写我们"情绪ABC链条"中的信念B。

案例

今天是周末，蕾蕾老师加了两周的班，还以为今天可以好好休息一下，可看到家里家具上积了一层灰，洗衣篮里一堆的脏衣服，还有一大堆的杂事，只能咬咬牙起了个早。她先把衣服洗了，又做好早饭，看到自己的先生还没有起床，打算先去菜场买个菜，然后回来和先生一起吃早饭。没想到的是，当她提着一大袋子的菜回来，满头是汗时，先生已经吃完了饭，碗还放在桌上。蕾蕾老师一下子就发火了，把一口袋的菜扔在地上，说："你可真行！"蕾蕾老师的先生从屋里探出头来，莫名其妙地看着蕾蕾，说："你怎么了，发什么无名火？"蕾蕾老师更生气了。

愤怒情绪的潜在信念是："我认为你应该……，但是你却没有。"蕾蕾老师生气了，让她生气的并不是她先生提前吃了早饭，也不是她承担了更多的家务，为家庭付出了更多的辛苦，而是她对当前事件所形成的信念——"你应该看到我的辛苦，并且增强我们之间的情感，但是你没有，你认为我的付出理所当然"。要改变自己的情绪，就需要改写情绪背后的信念。如果蕾蕾老师能够理解自己的愤怒情绪背后的信念，她就能够通过改变信念的方法来调整自己的情绪，还可以尝试更好地解决问题。如果她去了解，她的先生会告诉她，自己是因为昨晚赶一个项目凌晨三点才睡，早上正打算洗碗时手机又响了，所以才没洗碗，那么蕾蕾老师此时的信念就会得到改写——前些天我加班，他承担了家里所有的家务，这些天他肯定是忙得顾不上，我理应多给予他理解和支持。当然，也有另一种可能性，蕾蕾的先生就是对这一切都毫无意识，那么蕾蕾也要告诉自己：我的先生对于主动做家务毫无意识，如果我为此生气，他也是不能理解的。因此，我可以找一个机会对家务进行分工。

你看，同样一件事情可能会引发生气和委屈、体谅和关注、平静和淡然三种不同的情绪反应，而事实上这三种情绪反应源自对事情的三种不同信念。我们内心的信念对情绪的影响如此之大：事情未变，信念变化了，我们对事情的理解也不一样，我们的情绪也因此截然不同。

案例

> 下个星期就要去区里参加课程竞赛了，我感到既紧张又兴奋，这是我工作以来第一次参加竞赛。为此我每天都在磨课，尽管同事们都说这次我参赛的课程准备得不错，但是我内心还是不免感到焦虑，觉得压力好大，近几天常常失眠，有时还有想哭的冲动，怕自己给园所丢脸，辜负了园所对我的信任。眼看着比赛的日子一天天临近，我内心的不安与惶恐与日俱增，我要怎么办才好……

我们想要摆脱焦虑，还得要从产生焦虑的真正原因下手。产生焦虑的原因既有外因也有内因，外因是生存环境中的压力。我们很难改变生存环境，那我们就要从产生焦虑的内因入手。摆脱焦虑最核心的办法就是改变产生焦虑的内在信念。我们的大脑中可能储存了很多的信念。"如果我不天天加班，我就会被淘汰。""如果我的孩子没有赢在起跑线，那他这辈子就没前途。"焦虑情绪的潜在信念，用一句话来总结就是"如果怎样就会怎样"。我们对这些信念深信不疑，我们的情绪也被设定了"套路"和"程序"，焦虑感也因此越来越强。但是这个信念是真的吗？你需要问问自己，并与自己这个隐藏的信念进行辩论，你可以问自己："不……

就真的会……吗？"例如："孩子不赢在起跑线，这辈子就真会不如别人吗？""不每天都加班，就一定会被淘汰吗？"然后你可以对这个潜在的信念进行反驳和辩论，赢在起跑线也不一定能够赢在终点吧？童年应该有充分的游戏时间，才能更加健康地发展……当你转变了想法之后，你是不是感到不那么焦虑了呢？

对于幼儿教师来说，我们当然会有自己对于事件的天然反应：孩子们开心配合，我们惬意开心；孩子们不听从课堂的安排，干扰了教学和管理计划，我们会感到烦恼和挫折；面对竞争和压力，我们愤怒和焦虑……但是作为这个新时代的幼儿教师，我们又有着独特的改写情绪信念的能力。改写信念的能力，有时候来自换位思考的能力，有时候来自我们的专业知识，有时候来自我们深厚的情怀。

我们幼儿教师的情绪反应往往也都是富有职业性的，我们的专业决定了我们会带着什么样的情绪看孩子，用什么样的情绪与他们相处。我们不断学习、了解儿童，受益的不仅仅是孩子，更是我们老师自己。只有当我们理解孩子的时候，我们才会有能力换一个视角看待孩子的"问题"，才会发现在与孩子互动的过程中有那么多宝贵的资源。

4. 表达情绪

情绪的表达是必须且必要的

情绪是一位诚实的信使，带着使命而来，因此情绪必须得到表达。我们觉察、理解以及调节情绪，不是为了消灭或者消磨情绪，而是为了更好地表达情绪。在情绪的加工链条中，对情绪表达的研究相对较少，甚至存在误解。由于我们对情绪根深蒂固的错误印象，总认为表露情绪会成为麻烦的开端，我们内心对表达情绪是排斥且担忧的，所以我们常常不自觉地隐藏或压抑自己的情绪——怒而不言，哀而不显，努力维持微笑的样子，但这样不但不能解决问题，反而会对自己的身心造成伤害；长期来看，对我们的人际关系也会产生消极的影响。

就拿愤怒来说，我们对愤怒的表达产生了很多的误解。人们对愤怒的表达并不认同，情绪调节的大量理论和案例都指向如何减少甚至是消灭愤怒情绪，大家更认同对愤怒情绪的隐忍，而愤怒的表达则往往被看作不理性的和具有破坏性的。然而，愤怒的表达并非洪水猛兽。心理治疗师让－保罗·奥斯特（Jean-Paule Austruy）说："有一个误区是，从小我们就被教导不要让怒火酿成苦果，害人害己。"盲目压抑愤怒会对我们的内在和外在都产生消极的影响和损伤。而对愤怒的适宜表达不仅有助于自身的健康，对于人际关系的重建也具有积极的意义。

一项基于面部表情观察的心理学研究发现：只要不是过于激动，愤怒对人的身心健康是有好处的。当出现紧张情绪时，那些以短暂的愤怒作为反应的人，会有一种控制和乐观的感觉，而这正是那些反应为害怕的人所缺乏的。心理学家詹尼弗·莱纳（Jennifer Reiner）说："危机形势下，愤怒是一种适宜的情绪。愤怒不是坏事。"只有高频次的、爆发性的愤怒，或者对外部世界持有敌对情绪的愤怒，才是对健康有害的。最关键的是，那些压抑的怒火会回转头来对自身进行攻击。最后，身体会慢慢用不易察觉的病痛来消化这些情绪。长此以往，我们的身体就该遭殃了，压抑愤怒的情绪会引起一系列的身体机能障碍。不满情绪还会转化成一种内心的焦躁，让神经饱受考验，甚至让人变得更加敏感易怒。

愤怒帮助我们重建人际关系。愤怒往往是为了应对环境中的入侵和挑战。如果你没有真正借助愤怒去解决问题，而是压抑愤怒，结果不但无法保护自己的利益，反倒增加自己无力的痛苦，而且愤怒也并没有消失，依然被压抑在那里。我们可能会在某一个无法克制的时刻将怒火发泄到另一个无辜的替罪羊身上。"得体地表达愤怒绝不仅仅是为了出口恶气，"奥斯特说，"它的可贵之处是重建自己和自己、自己和别人的关系。"所以，有时候好好地、小小地发一次怒，会让我们找回和谐。

因此，表达情绪没有错，我们需要改正对情绪的偏见以及对情绪下意识的粗暴的处理方式。情绪中包含真我，那个最富有能量和魅力的真我。我们的目的不是消灭情绪，而是让情绪更加成熟和稳健，最终可以自如地抒发和表达情绪。为此，我们在理念上要形成一个共识——我们前面所学习和掌握的所有技能，不是为了掩饰情绪的存在，而是增强我们合理、有效使用情绪的能力。

总之，即使我们能够控制情绪，也并不意味着随之而来的情绪表达就能水到渠成。情绪的表达既是经验又是艺术。每一种情绪被觉察、被理解和被调节之后，需要以适宜甚至优雅的方式得以表达，才能完成自己的使命。我们对情绪所做的一切调节，绝不是为了消灭它们，而是为了让它们以最优方式呈现。

"情动于中而形于言。"我们内心丰富的情感，都需要通过"形于言"来进行表达。在人与人的沟通中，有一个心理学定律"7—38—55 原则"，它是由心理学教授艾伯特·梅拉比安（Albert Mehrabian）在 20 世纪 70 年代提出的。这个原则的大概内容是：在人们进行语言交流的时候，55% 的信息是通过视觉传达的，如手势、表情、外表、装扮、肢体语言、仪态等，38% 的信息是通过听觉传达，如说话的语调、声音的抑扬顿挫等，剩下 7% 来自纯粹的语言表达。可见表情在人与人的交往中的重要性。在一些情境和场合之下，无声语言往往比有声语言更有沟通的效果。

为什么表情管理会"失误"？

表情管理如此重要，作为幼儿教师的你，关注过自己在教学和生活中的表情吗？如果有一个摄像机把你平时的表情都记录下来，你从镜头中看到自己的表情和你以为的表情是否一样呢？我想，很多人都会很诧异，原来我的表情是这样的！有些老师总是给人"恶狠狠"的感觉，而一些缺乏情绪能力的教师，甚至会将内心的轻蔑、嘲弄也一股脑儿地通过表情展现给孩子。教师如此的情绪表现，给学生带来的心理伤害是非常深、非常久的。还有一些老师，总是面无表情。别说身处课堂中的学生们了，就连我这旁听的老师都常常觉得提不起精神来。可见，人们想要表达的情绪和我们的表情实际表达的情绪之间是有相当大的差距的。对大多数人而言，控制好表情的表达方式和表达效率是不容易的。管理表情如此容易失误，既有表情本身的原因，也有教师的主观原因。

表情是骨骼、肌肉的精妙配合

表情管理本来就是一件高难度的事情，这是由表情的生理学基础决定的。

情绪表达很多时候是无意识的。表情和情绪之间的联系太过直接和紧密了，有时候还没等我们回过神来，表情已经把我们的感受和心思一览无余地表现出来了。

就算我们能够觉察和意识到自己的情绪表达，驾驭表情依然不是一件容易的事。就拿面部表情来说，人类面部 42 块表情肌的收缩舒张能组合成不同的表情，但人类丰富的内心世界中多维和复杂的情感远远超过表情肌肉的组合。人的声音表情和动作表情还会涉及更多的身体系统。专业的演员往往会付出多年的训练来学习和练习如何通过面孔和肢体动作来进行情绪表达。而对大部分普通人来说，难免出现"面不应心"的情况，好多情感只可意会，难以表达。我们做老师的都希望自己的微笑能够富有温度，具有感染力。的确有些人拥有这种表达情绪的天赋，而另一些人笑起来却给人"皮笑肉不笑"的距离感。论及愤怒表情，有些人的面部表情本身就带着不怒自威的表情状态，真的愤怒时更是给人以力量感和压迫感，而有些人的愤怒表情则往往缺乏影响力。还有的人面部表情比较刻板单一，不论什么情况都呈现出"面无表情"的状态，而有的人则常常在表达情绪的时候"五官乱飞""挤眉弄眼"。综上所述，表情有时不但不能有效地表达内心的想法，还可能误导他人对表情的理解。

拓展阅读

面部表情和面部肌肉

人们通过支配面部肌肉的运动，来表现出不同的表情。由于每个人面部肌肉天生的发育状况不同，因此形成了各有特点的情绪模式。

面部肌肉包括表情肌、咀嚼肌以及部分颈部肌肉在下颌部位的延伸。表情肌的位置较浅，包括主要分布在头面部的孔裂周围，比如口周、眼周和鼻孔周围等。控制表情肌的运动能帮助我们做出各种表情。人与人肌肉的紧张或松弛、肥厚或单薄不同，表情肌的收缩牵拉力度也不同，因此每个人呈现面部情绪的效果也不一样。

面部肌肉中，口周和眼周这两个部位的肌肉群最丰富，也是面部情绪塑造最关键的部位。这些肌肉的收缩会引发皮肤的收缩，改变眼裂、口裂的形状，造成嘴角、眉毛的上扬或下落，以及皮肤上的各类纹路。表达积极情绪的时候，面部表情肌肉总体的模式是向上的，嘴巴、下巴、鼻子、脸颊向外上方拉。例如，愉快的时候，嘴角向后及上拉，眉毛平展，眼睛平眯，瞳孔放大。表达消极情绪的时候，眉眼口鼻处的表情肌往往向内下方拉伸。例如：抑郁时，嘴角前倾下垂，眉毛紧锁，面孔显长；蔑视时，双眼微闭，视角下斜，面颊向上抬；痛苦时，皱双眉、半眯双眼、嘴角下拉；生气时，眼睛圆大，眉毛倒竖，微闭口唇，紧咬牙关……

肌肉的运动力度和位置变化，还能营造出不同的面部表情类型，例如含蓄内敛型的和外放夸张型。虽然我们能够从一些静态的图片中感受到表情传递的信息，但表情更多是在动态的变化中传递信息并影响他人的。

面部表情的表达力和表现力可以通过练习得到提升和改善。一方面，作为教师，我们需要关注和重视我们的表情及其表达力；另一方面，也可以通过有意识的练习来优化自己表情的信息传递效率和感染力。

表情管理的意识误区

很多情况下，老师们表情管理的"失误"是由自身的错误意识导致的。或许是由于教师自身的个性而形成了表情的定式；或许是老师们将其他方面的压力带入到了教学中来；还有一些教师是刻意压抑自己的情绪表达，从而让自己的情绪更加合乎"规则"，板着面孔，不苟言笑；甚至还有一些教师刻意追求表情上的威慑力，希望能够"不怒自威"。其中"面无表情"是一种较为常见的"表情失误"，老师"面无表情"是大忌，对于教学、师幼沟通、家园沟通都有多种消极影响。表情的缺失和不足会削弱教师在教学和互动中的影响力，并削弱课堂的吸引力。而且，情绪是人际关系的黏合剂，如果你抑制情绪的流露，必然会变得严肃有余而亲切不足。这种无表情教学和沟通的直接后果是使师幼之间、家园之间的心理距离增大，给学生和家长以疏远感和拒绝感。

> **练习**

你可以对下述不同程度的情绪进行塑造和练习。

表示喜悦的:笑容可掬、微微一笑、开怀大笑、喜出望外、乐不可支

表示愤怒的:火冒三丈、怒发冲冠、勃然大怒、怒气冲冲、咬牙切齿

表示憎恶的:可憎可恶、十分可恶、深恶痛绝、疾恶如仇、恨之入骨

表示悲哀的:伤心落泪、欲哭无泪、失声痛哭、泣不成声、潸然泪下

表示忧愁的:无精打采、顾虑重重、忧愁不安、愁眉苦脸、闷闷不乐

表示激动的:激动不已、激动人心、百感交集、激动万分、感慨万分

表示舒畅的:舒舒服服、高枕无忧、无忧无虑、悠然自得、心旷神怡

表示着急的:迫不及待、急急忙忙、急不可待、操之过急、焦急万分

表示愧疚的:追悔莫及、悔恨交加、于心不安、深感内疚、羞愧难言

表示失望的:心灰意冷、大失所望、灰心丧气、毫无希望、黯然神伤

表示害怕的:惊弓之鸟、提心吊胆、惊慌失措、惊恐万状、

惶惶不安

　　练习 1：通过面部五官表达出上述情绪。

　　练习 2：用围巾遮住脸的其他部分，仅通过眼睛来表达上述情绪。

　　练习 3：通过身体姿态和肢体动作来表达上述情绪。

情绪的沟通表达

　　用表情来实现情绪表达有时候又会出现"心有余而力不足"的情况，表情对情绪的表达是直接和快捷的，表情能够以画面的方式直观地传递情绪，形成感染力。但对于一些深刻和复杂的情绪、情感，表情则往往无法实现充分的表达。人类的深度沟通离不开恰当的语言。不过人类的情绪有时候超越了表达的层面，而是一种互动和交流。人类对于他人传递的信息会非常敏感，一旦涉及自我，心里往往会有先入为主的防御性。所以，有时候我们还未来得及说清楚自己的感受，对方已经有情绪了。为了让自己的情绪得到充分的、顺畅的表达，并能得到他人的接受、共鸣和理解，人们需要探寻更加有效的表达方法。美国心理学家托马斯·戈登（Thomas Gordon）为我们推荐了一个方法，即"事实 + 感受 + 请求"。他认为，每一种情绪都可以使用这种方法来进行有效表达。

案例

李老师是一所幼儿园负责教研的业务园长，她的工作事无巨细，常常分身乏术。但最近让她特别头痛的是，自己的同事——负责行政和后勤的张园长。与她沟通时，她总是一副火急火燎、刻不容缓的态度。李老师决定通过表达自己的情绪和感受来解决这个问题。

首先，李老师客观地复述当时的情况："昨天我正在网上开会，你好几次催我去核实另一个信息。"然后说出自己的感受："我当时左右为难，非常焦虑。"最后说出自己的期望："我希望你可以等我开完会再和我说别的事情，如果有急事，可以微信给我留言。"

使用"事实＋感受＋请求"的方法进行情绪表达，需要注意三个原则。

第一个，也是最关键的原则是：表达情绪既不是为了宣泄焦虑，也不是为了指责对方，而是为了重新找到关系中的平衡点，塑造更好的关系。你可以适当地表现出生气或者焦虑、疑惑，这些都可以根据你自己的个性习惯和当时的情境来确定。但是要注意：一定要真诚地表达，不要滔滔不绝，不给对方说话的机会；更不要强迫自己放弃原则去取悦他人。坚持这一原则我们就可以进行一次非常好的情绪表达并找到修复关系的方法，让交流的每个参与者都保留自己的完整性。

第二个原则是：情绪表达的重点在于情境而非关系。很多失败的情绪表达案例中，一个人往往倾向于表达对他人的不满、指责和评判，而不是自己的感受。所以情绪表达时，我们要做到不带有攻击性地阐述情绪，把自己心中的想法和感受表达出来。指责他人只会造成彼此情绪上的分歧和争议，甚至可能导致关系的损伤和破裂。

　　第三个原则是：合理掌握表达的时间。情绪的产生可能只是一个瞬间，然而消化情绪却需要一段时间和过程。我们可以用稍稍缓慢的方式来表达，很多人会在事情发生后立即做出一系列判断和决定，但事后又为自己的言行后悔。人在情绪上头时本就容易冲动，缺乏考量。因此，尽量不要在情绪激动的时候立刻表达，而是给自己一个稳定心绪的过程，回顾一下，发生了什么事情，产生了怎样的感受，心情如何，要怎么去做……然后再调整自己的情绪，做出自己的表达。

　　在坚持上述三点原则的基础之上，"事实 + 感受 + 请求"的情绪表达法是相当有效的。当然，要真正优化自己的情绪表达，一定是一个漫长的"知行合一"的过程。只有在生活和工作中不断有意识地进行练习，我们的情绪表达才能更加娴熟和自如。

：

第五章

：

用情绪有效影响他人

情绪能力意味着对自我和他人情绪的管理。上一章，我们了解了如何处理自己的情绪。只有处理好自己的情绪，我们才能更有效地应对和处理他人的情绪。我们需要先"接招"，再主动"出招"，来调节他人的情绪。这一章，我们将了解如何有效地应对和影响他人的情绪。

相信大家读到此处已经能够接受一个理念——情绪不是问题，情绪是信息，是能量，也是资源，我们要与情绪化敌为友，通过情绪更好地关注自我，了解自我，调节自我。人际交往中，我们应对他人的情绪，也是同样的道理：不要拒他人的情绪于千里之外，否认或者拒绝他人的情绪；看到情绪，接纳情绪，理解情绪，我们才能走进他人的心灵，并找到与他人交流的契机。

影响他人的情绪有三个不同的层次：第一个层次，是对他人的情绪做出适宜的反应；第二个层次，是调节和抚慰对方的情绪；第三个层次，是引导和影响他人的情绪。假如我们想要借助情绪提供的资源和契机去积极地影响他人，则要求我们拥有强大的自我。用情绪影响他人的整个过程就是一个自我和他人平衡互动的过程。

1. 保持自我情绪的独立性

你是否也曾遇到这样的情况——你在路上偶遇一个"路怒症"患者，因为他一直狂按喇叭，打开车窗骂骂咧咧，所以你平静的心情立刻被打乱，整个人也被激怒了；某天来到办公室，同事心情不好冲你发火，这时候你非常委屈，"他凭什么对我发火"，自己也因此而闷闷不乐；某天你本来心情不错，可是看到同事一直处在着急和焦虑的状态中，你也不淡定了，自己的工作节奏也变得慌里慌张；九月小班刚开学，看到孩子们由于分离焦虑都哭红了的眼睛，你也变得不安和焦躁……当自己的情绪被扰乱时，我们不仅无法去影响他人的情绪，还很容易被他人的情绪带着走。

面对他人的情绪，我们如何准确而优雅地"接招"呢？我们首先要保持自己情绪的独立性。如果我们没有情绪定力，就会陷入他人的情绪，也就失去了处理情绪问题的主动权。例如，一位同事生气地指责你，你还没有搞清楚状况，就被她愤怒的情绪感染了，也怒不可遏地和她争论起来。其实最初的问题可能非常简单，只需要冷静下来稍加梳理就可以解决，但是我们在面对此情此景时，情绪无疑不受控制地沦陷了。

如何才能保持情绪的定力，避免陷入他人的情绪呢？还记得我们之前谈及的"情绪觉察"吗？此时，就可以用上这个方法了。我们首先要保持对自己情绪的敏感和觉知，能够在情绪产生的当下反观自己此刻的情绪状态。然后，给当下的情绪进行命名，给情绪贴上标签，最后理性就能有效"引流"，自己也能避免陷入情绪旋涡。唯有如此，我们才能从全局的视角，看到事情的原貌。

2. 接纳他人的情绪

在面对他人的情绪，尤其是消极情绪时，我们另一个错误的反应就是下意识地拒斥和否定对方的情绪，我们会觉得"你不应该有生气""你有什么可难受的""你的情绪是错误的"……当我们遇到他人有情绪时，如果像打棒球一样将他人的情绪直接"怼"回去、顶回去、扔回去，那么不仅问题得不到解决，而且对方的情绪也会和你形成对抗的力量。这个问题会在你一言我一语的来回交锋中，变得更加沉重，双方的情感也面临严重的挑战，甚至导致人与人之间的误解和鸿沟。

情绪就像一扇通往心灵的窗户，通过对情绪的觉察，我们能更好地感知对方的生命状态和生命诉求。不论是和家长沟通，跟同事交流，还是与爱人、孩子互动，我们都需要拥有接纳情绪的能力。如果我们希望有效地影响和改善他人的情绪，我们首先要放下对情绪的抵触和否定，去接纳和认同对方的情绪。假如我们可以放下面对他人情绪时下意识的反驳，我们就会读懂他人情绪背后的故事。

折狐狸的"小王子"

今天幼儿园的活动时间我带着小朋友们折纸，折一只小狐狸。我先给小朋友们示范了如何折小狐狸，接着就发给了每个小朋友一张纸让他们各自尝试着去折，小朋友们都很开心地动起手来。

"团团，你折的小狐狸真好看!"

团团听了我的夸奖，开心地笑了。他吞吞吐吐地问我:"老师再给我一张纸好吗?"我告诉团团:"不行，每个小朋友只有一张纸，而且我们马上就要去户外活动了，要把纸都收起来。"团团听后又急又气，使劲摇头，说:"我就要! 我就要!"他一边说，一边涨红了脸，几乎要哭出来了。

主班老师已经在催促大家收拾物品了。虽然我也很着急，但是我觉得不能不去处理孩子的情绪。于是我耐心地问:"为什么一定要一张纸呢?"

团团告诉我:"一只小狐狸太寂寞了，我要给它找个朋友!"

这时候，我想到了一个好办法，我和班上的小朋友说:"团团提醒我们，小狐狸们太孤单了，需要找朋友。现在，我们把自己折的小狐狸放在这个盒子里，让它们一起玩一会儿好吗? 等我们户外活动回来，再来接小狐狸们!"

孩子们纷纷答应:"好!"团团也破涕为笑，将小狐狸放心地交给了我。

　　如果没有案例中老师的追问，我们会误会团团是一个任性的孩子。但因为这位老师多了一些接纳，就看到了孩子纯真的目的。我们是专业的幼教人，从专业的视角我们可以理解：幼儿正处于"泛灵论"阶段，认为所有的东西都是有生命的。回忆我们自己的童年，也都有过这样的美好瞬间啊——月亮跟我走，风儿对我笑……作为教师，理应去理解孩子情绪背后的原因，而不是武断地认为他们是"任性"和"不听话"的。

　　面对孩子的情绪，面对孩子不配合教学的安排和流程，很多老师都会着急，会站在孩子的对立面去批评和否定孩子，并给他贴上"不听话"的标签。但是如果我们这样武断地对待孩子，孩子就会受到伤害，我们真正的教育目标也无法实现。有效地处理情绪的问题，一定要先接纳情绪，后解决问题。情绪没有被接纳，我们和对方就会一直处于对立面，无法形成同盟，无法共同面对和解决问题。而当情绪被接纳，我们和对方的心理位置就会自然而然地得到调整。上面的案例中，老师首先接受了孩子的情绪，知道孩子的情绪是有原因的，同时老师也尊重幼儿"与物交往"的行为，而非指责和伤害幼儿的自尊心。

　　总之，先接纳情绪，后解决问题。接纳是一种态度、一种理念，是我们看问题的一种方式。不仅在师幼的交往中，还有在面对家长、同事、亲友的时候，如果幼儿教师能够懂得如何去接纳情绪，我们的教育就会更有温度、更有力量。

3. 了解情绪背后的诉求

面对他人的情绪，接纳是一种态度，而如何接纳，则与我们处理情绪和人际沟通的能力有关。

案例

张老师班里的小朋友牛牛，由于父母在外地工作且特别忙碌，平时都是爷爷奶奶接送，牛牛遇到什么问题张老师也是直接和爷爷奶奶沟通。下午奶奶来接孩子的时候，找到副班刘老师，说班上有别的孩子欺负了牛牛，说牛牛的坏话，还不和牛牛玩。的确，牛牛最近常常和别的孩子打闹，但是却并不是"被欺负"的那个角色。刘老师试图和牛牛奶奶说说牛牛最近的综合情况，希望牛牛奶奶能够配合幼儿园的教育。可是还没说几句，奶奶就很生气地说："你这个老师怎么这么偏心。牛牛就是一个老实孩子，你怎么不管管那些欺负他的人，还来说我们！"

班长张老师走过来，将牛牛奶奶拉到一边，说道："奶奶，牛牛的爸爸妈妈都不在他身边，您照顾牛牛肯定很辛苦，心里很不好受。"

牛牛奶奶虽然没有回答，但是语气和表情明显都有所缓和。

张老师接着说："牛牛是一个很有个性的孩子，有很多优点和特长,不过牛牛也有一些小缺点。孩子们都有小缺点……"

说到这里,牛牛的奶奶又开始激动起来:"您不要说这个,我们也不和别的孩子比,您说那些我也不懂……"

张老师微笑着继续说:"是的,我们不和比的孩子比,我们只和自己比。我只是想告诉您,牛牛比开学的时候,有了很大的进步,这一周还是我们班的运动小明星。如果我们希望孩子将来进步更大,那还需要和您一起努力。我给您说一个昨天发生的小事情。牛牛昨天看见别的小朋友搭积木,想要帮着盖房顶,结果搭偏了,一下把整个积木楼弄倒了,好心办了坏事。但是牛牛很负责任地帮小朋友收拾,没有逃避,这一点就非常了不起。牛牛不太会表达自己的想法,如果牛牛能突破这一点,他一定能交到更多的朋友。"

奶奶的情绪此时被引导到了正常的轨道上。她逐渐敞开自己的心扉,和老师诉说起自己对牛牛的教育方式。

当他人的消极情绪已经被唤起,用说理的方式来对待情绪是行不通的。类似上面案例中和牛牛奶奶的沟通,是让很多老师非常头痛的情境。在家园沟通中,我们可能会遇到激动的家长;在家庭里,家人之间也不可避免会有误会和摩擦。如果这个时候,你首先纠结于对方指责的内容并试图进行辩论,可能就会被卷入情绪的旋涡,问题会变得更复杂。此时,更应透过情绪的表层,去理解对方情绪背后的诉求是什么。

在上面的案例中,我们再一次看到了接纳和理解的力量。张老师没有否认家长的情绪，而是努力去理解对方情绪背后的诉求。奶奶激动的情绪背后，是对自己的孙子受到欺负和被忽略的担心。如果使用说理和辩论的方式来面对他人的情感诉求，不但不能平复他人的情绪，反而会加大情绪的裂痕。而如果能看到对方的诉求，甚至比对方还更懂他的诉求，对方的消极情绪就会得到疏解。

在尝试理解他人情绪的时候，很多人都容易走入误区——被表面的信息困住，而没有理解对方情绪背后所隐藏的深层次的诉求。在上面的案例中，如果老师只是强调牛牛奶奶过于强势，听不进话，那双方的沟通就只能到此为止，之后家园的沟通势必陷入僵局。但如果能够将问题看得更深，看到对方情感的诉求，我们就找到了与对方进一步沟通的桥梁。

4. 安抚他人的情绪

面对处于情绪中的他人，如何安抚对方的情绪？在这里，和大家分享一个有效的公式——"有效的情绪沟通 = 接纳 + 确认 + 表达诉求"。上述案例中，张老师正是运用了这个方法，才能"化危为机"，找到突破口，走进了牛牛奶奶的内心，并找到了家园沟通的切入点。

公式的第一步是"接纳"。不是从心底里觉得"你就不该有情绪"，而是真诚地认为：你的情绪是可以理解的。我们内心的信念会成为后续沟通的基础。当我们心中秉承接纳的信念和态度时，我们的表达也会充满"我理解您的感受""我也觉得"等语句。

这种态度本身就具有安抚的力量，当对方感受到自己的情绪被认同和接纳，内心就会获得支撑，就能从高度情绪化的状态中平静下来。在和牛牛奶奶的沟通中，张老师理解和接纳的态度让牛牛奶奶的情绪得到了释放，这是打破沟通僵局的第一步。

公式的第二步"确认"指的是，我们可以帮助对方觉察和理解自己的情绪。我们可以为对方的情绪命名，并帮助他解释自己的情绪。例如，张老师帮着牛牛奶奶把感知到的情绪说出来，并与她进行核对："牛牛的爸爸妈妈都不在他身边，您照顾牛牛肯定很辛苦，心里很不好受。"此时牛牛奶奶正发着脾气，她自己都不清楚自己到底是什么样的情绪状态。我们要做的，就是帮助对方看到自己的情绪，从而恢复自我调节的能力。当张老师帮牛牛奶奶确认了情绪，她才有能力去反思自己的言行是否合适，才能够进行自我调节。

第三步，我们可以帮助对方表达自己的诉求。要安抚和平息对方的负面情绪，需要了解对方想要的是什么。处于情绪中的人常常搞不清楚自己的诉求，这时候我们可以帮助他人将诉求表达出来。我们可以直接询问对方"不知我能为您做些什么？"或者直接呈现你对问题的解决思路。例如，在上面的案例中，张老师理解牛牛的奶奶，担忧和焦虑中的她，需要更多关于孩子成长的信息，也需要获得更多来自教师的关注和支持。因此张教师为牛牛奶奶讲述了牛牛在园的情况，并从有利于牛牛成长的角度真诚地提出建议，有效地化解了家长的情绪，也获得了家长的认同。

5. 激发他人的情绪

用情绪影响他人，还包括我们去提升、激发他人的情绪。这是我们影响他人情绪的更高层次。都说"教师是人类灵魂的工程师"，构建灵魂需要借助情绪工具，去激发对方的认知兴趣、审美情趣、社会情感等。我们首先要谈及"情绪场"的概念。

现代教育心理学的研究发现，人与人的沟通会建构起一个情绪场，而一个课堂就是一个富有能量的情绪场。所谓情绪场就是一种能给个体以情绪感染和情感体验，进而使其产生某种动机或需要的环境。教师创造、改变和维持着这个情绪场，并在此过程中实现教学目标。回忆我们曾经经历过的课堂，我们会发现每一个课堂在我们的记忆中有着不一样的颜色和味道，或许课堂中讲授的内容已经随时间而淡忘，但课堂所形成的情绪印记却能随时光流逝而愈发清晰。不论是在课堂教学还是师幼互动中，我们不仅仅在传递具体的知识和内容，更在传递情绪的信息——安全的、有趣的、充满信任的、富有成就感的，抑或是惴惴不安的、枯燥乏味的、充满戒备的、充满挫折的。

案例

张老师是今年全市的教学标兵，她的艺术课程在教学评选中脱颖而出。很多老师听过张老师的课之后，最突出的感受就是，感觉张老师的课堂是一个充满魔法的情绪场，一进入课堂就会被深深地吸引。除了精巧的教学设计、丰富的教学材料、教师自身的美术功底之外，给人印象最深刻的就是张老师的教学情绪。张老师教学情绪饱满，充满张力，仿佛能够给予课堂中的每个人以力量，带大家进入到一个充满乐趣和挑战的世界。同时张老师还非常善于利用情绪制造教学悬念，用故事法、情景法让孩子们选择不同的角色。这些角色面对危机会感到紧张，面对好友会感到放松愉悦，面对不公平的事件会感到愤怒……孩子们带着强烈的参与感完成了课堂艺术作品。张老师将自己的课堂变成了一个强大的情绪场，用情绪来强化教学，用情绪来引领认知，课堂成了生发幼儿审美情感的摇篮。

从张老师身上我们知道，教育不仅仅涉及"知不知""会不会"和"能不能"等知识与能力问题，更涉及"是否愿意""是否投入""是否快乐""是否感到"等情绪问题。情绪的问题若是没有得到解决，其他的问题也就无从谈起。正如在沉闷的教学氛围中，再有价值的教学内容都难以让教师与孩子的心灵联结。为了有效地提升教学的效果，我们常常需要"唤醒"和"调动"孩子的情绪。而最有效的方法就是为教学的"池塘"引入情绪的"活水"，唯有如此才能让课堂充满活力，让教学充满感染力。

练习

我的情绪场

☐ 你的课堂往往呈现什么样的情绪场？

情绪色彩＿＿＿＿＿＿＿＿＿＿＿＿＿＿＿＿＿＿＿＿＿＿

情绪能量＿＿＿＿＿＿＿＿＿＿＿＿＿＿＿＿＿＿＿＿＿＿

影响时效＿＿＿＿＿＿＿＿＿＿＿＿＿＿＿＿＿＿＿＿＿＿

备注＿＿＿＿＿＿＿＿＿＿＿＿＿＿＿＿＿＿＿＿＿＿＿＿

☐ 你和家长在沟通的过程中，情绪氛围如何？

情绪色彩＿＿＿＿＿＿＿＿＿＿＿＿＿＿＿＿＿＿＿＿＿＿

情绪能量＿＿＿＿＿＿＿＿＿＿＿＿＿＿＿＿＿＿＿＿＿＿

影响时效＿＿＿＿＿＿＿＿＿＿＿＿＿＿＿＿＿＿＿＿＿＿

备注＿＿＿＿＿＿＿＿＿＿＿＿＿＿＿＿＿＿＿＿＿＿＿＿

☐ 你和同事在沟通时又存在一个什么色彩和能量的情绪
场呢？

情绪色彩＿＿＿＿＿＿＿＿＿＿＿＿＿＿＿＿＿＿＿＿＿＿

情绪能量＿＿＿＿＿＿＿＿＿＿＿＿＿＿＿＿＿＿＿＿＿＿

影响时效＿＿＿＿＿＿＿＿＿＿＿＿＿＿＿＿＿＿＿＿＿＿

备注＿＿＿＿＿＿＿＿＿＿＿＿＿＿＿＿＿＿＿＿＿＿＿＿

唤醒情绪是一种重要的情绪能力，也是一个人的魅力和人际
能力的重要组成部分。有些人常常能够成为情绪场的主导者，而
有些人往往只能充当情绪场的参与者。有些人总是能够让周围的

人情绪放松，和他们在一起会感受到亮丽的情绪色彩，和他们沟通也往往给人留下深刻的印象，他们的情绪往往拥有强大的影响力。而有的人却总是让身边的人感到压抑和沉闷，情绪非但不能被唤醒，反而会受到压制。

如何唤醒课堂的情绪，如何抓住孩子们的情绪，如何用情绪来增强和孩子的互动从而促进教学，这些是每一个教师苦苦思索的问题，也是教育研究不断探索的问题。教师一定要具备激发情绪场的能力。或许你会认为，唤醒情绪的能力是一个人天生的能力，后天难以改变；抑或你觉得，情绪唤醒的能力是一个人的个性而已，不用强求。但是，作为教师，既拥有教师的权利，也承担着教师的职责，我们必须要占据情绪场的主导地位，去有效影响幼儿、家长和其他人。面对一个班级，我们需要调动这个班级的活跃度；面对焦虑的家长，我们需要平复家长的情绪，带给他们信任感和安全感；与集体、同事一起合作，也需要构建协作、有效、互信的情绪场。建构情绪场的能力一定程度上是先天的，但也是一种可以通过后天学习获取的能力。

幼儿教师如何获得
深度的幸福

通过理论篇和方法篇，我们了解了情绪的原理，也了解了调节自我情绪和影响他人情绪的一般性方法。但是，即使听过无数的道理，了解了很多的知识，但面对生活中具体的问题，我们也可能依然迷茫。尤其是与情绪有关的内容，更是知易行难。因为，我们每个人自己固有的情绪模式，从生命之初就伴随我们，我们与情绪相处的方式已经深深内化到了我们的个性当中。江山易改，本性难移。改变一个人的情绪模式非常不容易。仅仅从理念的角度理解了情绪，不足以让我们真正掌握情绪的力量。除非我们将所学所知应用到生活中，我们的生活才会发生变化。正是在生活和工作的真实磨炼中，我们才形成了自己的情绪能力。实战篇，我们将进入到幼儿教师生活和工作的各个领域，了解如何通过情绪来使生活更美好，使工作更高效。本篇一共包含三章，分别讲述如何使用情绪实现高效的自我管理、富有价值的师幼互动以及构建更富效能的情绪氛围、形成更加和谐的人际关系。只有通过在真实的情境中对情绪能力进行历练，我们方能找到属于我们幼儿教师的深度幸福。

第六章

用情绪激发
工作的效能

1. "忙、盲、茫"

我们的工作状态怎么了？

在"压力山大"的现代社会，人们的心灵常常处于"忙、盲、茫"的状态——我们总是行色匆匆，忙到心都累了；不断忙碌，眼睛也看不清了，不知道自己到底要追寻什么；目标模糊了，原则也迷失了，内心感到茫然。

您是否也深陷这种状态？要走出"忙、盲、茫"的怪圈，离不开情绪的提示，让我们借助情绪的智慧，给自己营造一个一张一弛的心灵空间。

案例

　　叶老师是个从业十余年的幼儿教师。十年前，叶老师怀揣着一颗赤诚之心踏上了工作岗位。面对工作，叶老师总是充满激情；面对调皮的孩子，她也总是充满耐心。在同事和孩子的眼中，叶老师一直是个温柔的老师。但数不清的教学文案、各式各样的业务学习，再加上孩子们每天的哭闹声，似乎把叶老师的好脾气渐渐消磨殆尽，以前让她感到温馨快乐的工作也让她越来越疲倦。

　　上周五带班时，一早上近 30 个宝贝的繁杂事务让叶老师忙得晕头转向，古灵精怪的孩子们老是不按套路出牌。集体教学的时候，叶老师多次提示孩子们，要认真听老师讲故事，可是孩子们打闹和说话的声音还是不绝于耳。叶老师感到非常无奈，加上身体不舒服，又联想到这十余年来累积的负面情绪，突然控制不住自己，对着一直安静不下来的孩子们怒吼了一声："安静！给我安静！"这声大吼后，孩子们是安静了，但叶老师的心情却变得更糟糕了。

案例

鞠老师今年 40 岁了，在幼教一线工作了二十年，最近却感到越来越迷茫。似乎每天的工作就是走流程，将各种规定动作做完：完成自己的基本教学任务，送孩子出门，打卡，下班，回到家再回答家长的问题。鞠老师最怕的就是和家长沟通，耗费时间不说，还特别不讨好。而工作中常常也会有一些突发的事情打乱工作的节奏，例如因为迎接考核或者节日排练就打乱了平时的步调，此时鞠老师就会感到无比抵触和烦恼。

鞠老师其实是一个追求上进的老师。年度评优老师们讲述这一年的收获的时候，鞠老师发现与自己同一年进入幼儿园工作的何老师今年又是收获满满。何老师班上的孩子们进步特别大，老师和家长有目共睹。何老师特别郁闷，心想自己真不是一个走运的人，好事情都轮不到自己。

她向何老师请教，没想到何老师很痛快地分享了自己的心得。何老师认为，工作的成效不是看花了多少时间，而是看你投入了多少"有效的时间"。有效的时间是指在一种富有激情的状态下的工作时间，这段时间里你需要将自己的认知和情感完全投入进来，追求最佳的工作效果。在这样的工作状态下，工作 1 个小时比心不在焉地工作 3 个小时效率更高，个人也能够从这样的状态中获得滋养，变得越来越有活力和效能感，从而实现自我最大程度的成长。所以，我们应该让自己"深度工作"，而不是"浅层工作"。

　　叶老师和鞠老师的例子是否也折射了我们自己"忙、盲、茫"的工作状态？的确，幼儿教师的工作是社会公认的高强度的工作之一。幼儿教师们常常觉得自己特别忙，不仅是因为从早上 7 点一直到下午 5 点的工作时长导致我们付出了大量的体力，更是由于工作内容的多元性。教师需要处理的问题涉及很多类型，例如要照顾孩子的生活，要组织课程和游戏，要进行幼儿的观察和记录，要进行环境的管理和创设，要写大量的案头工作，完成多种反思和教研，应对各种评优、检查和评级，每天都需要在多个不同的频道间切换。但是，忙本身并不是"忙、盲、茫"最关键的原因，在忙碌的同时，我们模糊了目标，没有了对未来的规划和期待，丧失了动机和活力，这才是造成"忙、盲、茫"的根本原因。

为什么我们深陷浅层工作的泥淖？

我们很多时候看似是在工作，其实并不是在工作，这样的状态会导致我们处于浅层工作状态。忙碌本身没有问题，忙碌带来的充实感是一种非常愉悦的感受。但是如果我们停留在工作的表层，以流水线和赶场子的方式忙碌，就会导致"忙而无功"和"忙而无效"。这样的忙碌是非常伤人的，会消磨我们的意志，湮灭创意和灵感，如果我们不能从忙碌中获得自豪感、成就感和满足感，这样的忙碌势必会消耗我们的生命。

在我们找到摆脱浅层工作的方法之前，先让我们来看一看，我们为什么会陷入浅层工作的泥淖中。"忙、盲、茫"的状态往往"冰冻三尺，非一日之寒"。浅层工作的现状，既有环境的原因，也有着我们自身的原因。

原因一：信息的碎片化使我们看不到意义和价值

我们正处在"信息爆炸"的时代，信息以几何级数增长，可是人类用以处理信息的硬件——神经系统，远远跟不上信息的增长速度。我们的大脑处于"随时在线"状态，5 分钟不看手机，我们就生怕自己会错过什么，会因为没有及时参与到别人的"大事件"当中去，而感到自己"错过了一个亿"。我们的大脑被游戏、购物广告、小视频、八卦新闻等信息冲击和充斥。没完没了地处理这些浅层信息消耗了我们大量的认知资源，又因深层信息的匮乏，让我们的大脑难以形成兴奋的状态。而与这个让人无限分心的网络世界形成对比的是我们略显固化的生活节奏。在这个信息碎片化的时代，因为信息失去界限、注意力失去把控、情绪节奏不明确、个人目标不清楚，交流缺乏有效和积极的反馈等原因，我们的生活越来越平淡并缺少意义感。如果我们不能有效管理自己的心智，必然会迷失在各种无意义的信息流中。缺乏目标感和意义感是导致浅层工作重要的内部原因。

原因二：自身目标体系的模糊使得工作缺乏内部反馈

让我们无法坚持的并不是"道阻且长"，而是我们看不清楚自己的目的地。很多幼儿教师自身并没有很明确的目标，缺乏内部的动机，依靠外部动机来维持自己的行动。生活上长期两点一线（家—学校），工作上"三部曲"（备课—讲课—作业），老师很容易进入"无聊区"。此外，教师工作中有大量的事务性工作，例如报表、点赞、网评、创文、创卫、打卡……层层传递，层层加码，教师在非教学业务上手忙脚乱，难免焦虑沮丧。很多工作我们可能并没有真正理解它们的价值，但我们每天必须完成它们。由于在处理工作中的一件件事情时，我们找不到比这件事情本身更宏大的存在，仅仅是在面对这件事情本身，以期能够不出错或者通过，所以我们对工作逐渐缺乏激情和期待，变得肤浅和应付。此时，我们不仅因感到无聊而倦怠，而且内心还有挥之不去的焦虑感。走出"无聊区"，进入"心流体验区"，享受工作带来的那种沉浸其中、物我两忘的状态，成为教师们内心的期待。

原因三：盲目内卷造成的自我消耗

看见同事都在忙碌，却不知道自己应该忙什么的时候，我们也会有一种不安全感，会害怕自己被组织和时代抛弃。所以很多人都选择让自己显得很忙，其后果就是忙得没有结果。而一旦进入这个"盲卷"的循环，老师们就更看不到自己工作的目标了。有的老师对这个现象有一种错误的解读，觉得是自己还不够努力、不够忙，所以他们又给自己添了一把火，让自己更加忙碌，但如果这样的忙碌没有产生什么积极的结果，忙碌和消极的心理之间就会形成一种恶性的循环，在内卷中给教师们带来极大的消耗。

原因四：职业倦怠

如果工作没有兴奋点，我们的职业热情将难以为继，就会不可避免地出现职业倦怠。北师大心理学教授许燕认为，职业倦怠有六大特征：生理耗竭、才智枯竭、情绪衰竭、价值衰落、缺乏人情味、攻击性行为。缺乏成就感让我们无法深度工作，而无法深度工作让我们更加倦怠，形成了一个人和工作之间对立的恶性循环。下面的小测验，让我们了解一下自己是否出现职业倦怠的情况。

职业倦怠程度的自测问卷

以下情况是否经常在您的工作中出现？请根据您的情况，选择合适的数字填在横线上。各数字的含义如下：1分，根本没有这种情况；2分，很少有这种情况；3分，有时会有这种情况；4分，经常有这种情况；5分，完全符合我的情况。

1.即使夜里睡得很好，我白天上班的时候还是会感到困倦。

2.我总会为小事感到发愁，而过去我很少这样。

3.我总是一边工作一边看时间，心里想着早点下班。

4.我认为自己是一个完美主义者。

5.我不认为自己当前正在做的工作有意义。

6.我的记性不太好，会忘记一些事情，有时甚至会忘记自己的贵重物品。

7.我认为自己在工作中属于被忽略的角色，我的努力并没有得到重视。

8.我经常会感到头疼、身体疼。

9.我工作比以前更努力，可取得的成就比以前少。

10.我通过做白日梦、看电视、上网或者做一些与工作无关的事情来逃避工作压力。

11.在工作中遇到问题时，我没有可信赖的人可以倾诉。

12.我更喜欢一个人待着，不愿意跟同事多交流。

13.我在工作中感觉不到挑战和新意。

14.我对自己的工作和生活毫无控制感。

15.我经常在下班之后想着工作上的事情。

16.我对自己的同事没有好感。

17.在工作中，我感觉自己像是掉进了一个陷阱。

18.我没有时间去做自己喜欢做的事情。

19.我在自己的工作中看不到有趣的事情。

20.我经常通过请假或者迟到的方式来减少自己的工作时间。

分值含义如下：

25~35分　倦怠度很低。您的工作状态不错。

36~50分　倦怠度较低。您可能开始感到工作方面的一些压力，请您关注职业倦怠方面的知识，提前进行预防。

51~70分　轻度倦怠。您在工作中可能体味到了一些负面情绪，心情时好时坏。请您积极开展一些调整自己状态的措施，防患于未然，以防止倦怠程度加深。

71~90分　倦怠度高。您的倦怠程度可能已经比较严重，您必须给予足够的重视。首先进行自我调整，适当减少工作压力和任务；其次，您可以适当寻求上级、同事、亲友以及其他专业指导人员的理解和帮助。

90分以上　倦怠度过高。您可能已经陷入职业倦怠的旋涡，工作对您来说除了压力外毫无乐趣而言。请您尽快求助于专业人员（比如职业咨询师或者心理咨询师）的帮助，使生活再获快乐和幸福。

我们看到了四种导致浅层工作的原因：信息的碎片化使我们看不到意义和价值，自身目标体系的模糊使得工作缺乏内部反馈，盲目内卷造成的自我消耗，职业倦怠。这些都消耗着我们的工作热情，让我们无法达到深度工作的状态。如果你想要走出困境，那么是时候做出改变了！

2. 重新认识焦虑

要破解"忙、盲、茫"的怪圈，我们就要首先从压力的被动承受者，转变为压力主动控制者。先让我们从"忙"的状态入手，反思自己的生存状态。

现代社会"忙"成了一种基本的状态。"忙"就意味着我们的时间一直被一些事情占据，以至于没有时间和精力去做其他一些事情。这是从物理状态来描述忙的感受，那么从情绪的角度来解读"忙"的状态，又会是什么样的呢？

回顾一下最近你特别忙的一个时间段或者让你特别忙的一个事情，仔细回味一下那种忙碌的感受。把相应的时间、事件及感受仔细地写下来。

忙碌首先是一种很投入的感觉。此时，你的任务屏蔽了其他任何事情的影响，你的注意力完全被眼前的任务所占据。其实这种感觉并不坏，而是一种充实和平静的感觉，对吧？

同时，忙碌的时候，心里也伴随着一些焦虑的感觉。尤其是当你所忙碌的是你非常在意的事——或结果意义重大，或时间紧迫，你心中这种焦虑的感觉可能就会更加清晰和强烈。你甚至有时候会有点儿心慌手抖，过于强烈的焦虑情绪可能还会给你的身心带来消极的影响，你会发现自己完全被焦虑的情绪控制了。

也有人觉得，忙碌时，内心的感受有点儿"分裂"。一方面，头脑中有一个声音在告诉自己，你得认真一点儿，必须全神贯注；另一方面，心中另一个声音却总是诱导着你分心——你一会儿觉得有点儿困倦，一会儿又想去喝杯水，一会儿又拨弄起手机，半个小时就不知不觉地溜掉了。这样的忙碌似乎是一种虚假的忙碌，忙了一天啥也没有收获。此外，还有另一种状态，就是我们一直在忙碌，一会儿要打卡，一会儿有例会，一件事情接着一件事情，但等我们忙完这些琐碎的小事情，再回想起来却觉得啥也没干。

看完以上的解读，你是不是对于"忙"造成的压力及其带来的焦虑感有了一定的认识？正如前所述，压力和焦虑本身不是问题，它们本是我们的朋友。现代社会，谁不是生活在压力当中，与压力共舞？但是你是否了解压力和焦虑情绪背后的内容，压力感的存在很可能是在向我们表达以下两个问题：

1. 我们内心拥有不甘平凡和追求卓越的愿望。这些压力和焦虑正在诉说着我们成长的愿望，我们如此渴望自己的能力得到发挥，希望自己能够得到他人认同及赞赏的目光，我们希望位列优秀者之列……

2. 我们自身的力量和我们追求的目标有一定的差距，这差距带来了巨大的不确定性。面对一个必然达不到的目标，或许我们不会感到焦虑，因为我们本身也不指望达成；对一个非常有把握的目标，我们往往也不会特别焦虑，因为我们胸有成竹；而处于中间地带的目标则往往会带给我们焦虑感，达成目标的强烈愿望和个人实力的不足是造成我们焦虑的最主要的两个因素。

所以，将我们从充满焦虑的状态中解救出来的方法就是将目标和实力协调到平衡的水平。方法之一是把目标值降到我们的"安全区"内，增强我们的把握性；另一种方法则是提升我们的实力，让我们能够笃定地应对目标的挑战。焦虑情绪本身存在的意义就是不断向人们预警环境中的潜在压力，提示人们做好应对的准备。我们完全可以顺着焦虑情绪的提示来帮助我们掌控时间和聚焦精力，强化我们的行动能力。从最初的难以胜任到最终稳操胜券，我们正是顺着焦虑的引导而努力奋进，提高实力。从这个角度来说，压力是我们追求卓越的动力之一，是我们最忠实的朋友——除了它谁又能如此真实而耿直地督促和提醒我们呢？

3. 为我们的工作创造一张一弛的情绪节律

借助压力，我们可以给自己更加专注的情绪体验，也能在高度专注的深度工作中积累幸福感和成就感，找到滋养心灵的力量。如何拯救自己于忙而无功的浅层工作而投入深度工作当中呢？要解决这个问题，情绪时间管理可以帮助我们——我们需要对自己的时间重新进行分配和使用，并为时间创造出一张一弛的情绪节律。我们需要主动去调整时间利用方案，而不是被动地被时间和任务挟持，在忙碌中耗竭自己。

四象限的情绪意义

我们为什么会这么忙？我们的时间都去哪里了？按照事情的紧急性和重要性这两个维度，我们可以将时间的用途划分为紧急重要、重要不紧急、紧急不重要、既不重要也不紧急四个类型。当然，有必要补充说明一下：事情重要与否对于每一个人来说是不一样的，是一个相对而非绝对的概念。因为我们在这里讨论的是幼儿教师的话题，我们采择的是幼儿教师的职业视角。

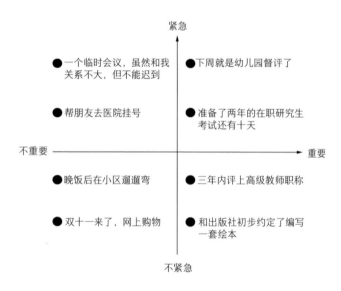

一个幼儿教师的四象限时间图

四象限时间管理测验是一个非常经典的时间管理测验。传统的时间管理理论强调：人们应尽可能地将时间花在重要的事情上，至于那些紧急而不重要和不紧急也不重要的事情，我们则要尽可能避免在上面花费时间。对这个观点，我有不同的看法。我认同事情的重要性、紧急性应当被认真地区分对待，以追求最高的效率，但是我并不赞同第三、第四个象限中的事情没有意义且应该被忽略的观点。用情绪的观点来看待这四个象限，每个象限中的事件都代表着我们生活中的不同状态。我们的生活应当是一张一弛的，这样我们的身心才能维持健康的水平。下面，让我们从情绪视角来了解每个时间象限的意义。

最紧急和最重要的事情（第一象限）

第一个象限中充满了最紧急和最重要的事情。在传统观念中，如果你把时间都花在了这个象限中的事上，那么你一定是一个工作狂，是一个时间管理大师。但这会产生两个问题：其一，试想一下，如果一个人每时每刻都在进行又紧急又重要的事情，他每天的压力该有多大，他该多紧张、焦虑，每天承受这样高强度的心理压力容易让一个人的身体和心理能量耗竭；其二，为什么会有这么多的紧急的事件呢？重要的事情怎么就变得既重要又紧急了呢？是不是我们没有做好时间和事情的统筹安排？

对于我们大部分普通人来说，心理的承受能力是有限的。如果生活中全都是"大事件"，就会让我们的心灵不堪重负。通过对职场中的普通人的观察和研究，我发现，既紧急又重要的事情在每天的日常生活中占20%—30%会比较合适，这个比重说明一个人的生活处于充实的任务模式。假如这个象限中的时间分配得太少，则说明一个人的生活太松散、不充实。这个象限的时间不能太少，每个重要的事情最后都有一个冲刺期，不论你进行了多么周密的准备，除非这个事情本身由于什么原因被取消了，否则都会有临门一脚的紧张一刻。所以，我们生活中只要有一定的任务引导，第一象限的时间就不会少于 20%。而这个象限中的时间也不能安排过多，否则一个人的生活会过于紧张、沉重。但是如果你第一象限的安排占用的时间特别多，超出每天自主时间的50%，那你的身心往往会受到巨大的挑战，这不利于你的长期的健康。

不紧急但是很重要的事情（第四象限）

第四象限中的事情是不紧急但是对我们的生存和发展具有重要的意义和价值的事情。这些事情由两个部分组成，一部分是我们已经形成的工作日常，例如我们每天都在从事的教学和研讨。这个部分应该占据了第四象限中最多的时间，毕竟我们是活在当下的。另一部分是你对自己的规划和目标，例如，你需要在明年参加在职研究生的考试，你打算申报一些项目，等等。给第四象限分配的时间应当在生活中占 50%—70% 为宜，而且其内容安排既需要有关注当下的内容，也需要有关注未来的内容。有的老师发现自己第四象限的时间似乎全部都活在当下了，而没有指向未来的时间。如果是这样，说明你只顾眼下的工作，对未来缺乏规划，没有考虑长远的发展。这样会导致两个后果：一是缺乏人生规划，于是按部就班甚至浑浑噩噩，错失发展的契机；二是事到临头才"抱佛脚",弄得紧张焦虑不说,往往也无法获得好的结果。不论是哪一种,如果你的第四象限占用的时间过少,都会减损你的职业热情,降低职业发展动机,对职业发展带来不利的影响。

不重要但是很紧急的事情(第二象限)

我们也常常遇到很多不是很重要但必须要做的事情。这些事情虽然从重要性的绝对值来说未必决定"生死成败",但是却没法推托,而且往往还要求尽快完成或即刻完成,不完成就会造成麻烦。这些事情都是什么呢?在调研中,我们看到被老师们纳入到第二象限中的事情主要是例会、打卡、参加聚会,或者帮亲戚挂号等一些杂事。对这些事情进行分析,可以发现,其中一部分是属于"例行公事"的流程性事务,而还有一部分则是属于人际交往型的事务。很多老师在谈及这一部分的事务时,都感慨这些杂事太费时间了,话里话外透出对这些事情的厌倦和烦恼。其实,只要我们处于社会的网络中,就会有一些不大不小的事情需要我们配合和参与。换个视角,这其实说明我们就是这个社会网络的一个部分,我们本身和我们的组织、亲友保持着紧密的联系。

如何对待这个象限中的事务呢?有两个要点。一是为这个象限中的内容赋予意义,一些例行公事的环节本身就具有重要的意义,只不过我们自己没有意识到。例如例会,如果你能将例会当作制定一周计划、和不同岗位同事交流意见的重要事件,你内心对它的感受也会产生从被动到主动、从消极到积极、从抗拒到接纳的变化。二是我们可以换一个视角看待这个象限中的事情。每个人都有必要心安理得地为这个象限保留10%—20%的时间,参与到那些看起来并不那么功利的事情中。因为如果这个象限的时间没有了，我们就该担忧自己是否和社会人际网络脱节了。

既不紧急也不重要的事情（第三象限）

在许多时间管理的相关图书和课程中，处理既不紧急又不重要的事情往往被看作纯粹是在浪费时间，我们要提高效率就要尽可能消灭这个象限中的事情。但这真的是我们追求的生活吗？如果这个象限中的事情被消灭，生活会变成什么样？——我们每天都在奔跑，我们只做所谓有意义的事情；我们斤斤计较我们的一分一秒，拿所谓的目标价值来比照我们的每一分每一秒。如果是这样，不仅生命的诗性会消失，而且生活必然也会充满功利与焦灼。这么看来，这第三象限不但是重要的，也是有价值的。或许对很多正处于焦虑和不安中的人来说，放下心中"重要的事情"非常困难，但这或许才是我们获得生命平衡的关键。我们需要给自己保留这样的一个空间，每天为自己保留一些时间，不需要太多，5%—10% 足矣：或是不带任何目的地和友人在下午茶时光中谈天说地；或是在温柔的晚风中散个步；或是每天忙完各种事情后，在购物网站上消磨一会儿时光；再或者漫无目的地看一会儿小视频、新闻推送……这些难道不是我们生活的一部分吗？

总之，时间管理，不是要让我们成为一个只知道工作的机器，事实上高度紧绷的时间管理方式很难带来真正和持久的工作效率。在内卷中消耗自己的 24 小时，不仅可能会导致低效忙碌，还可能摧毁我们的身心健康。时间管理的目标应是为我们带来更加美好的生活。

时间都去哪了？——象限时间回顾法

让我们回顾在过去的一周中，除去吃饭和睡觉这些最基本的生活需要所占用的时间之外，我们其他的时间是如何安排的，并根据这些事情的紧急和重要程度一一列入下方四象限图中。

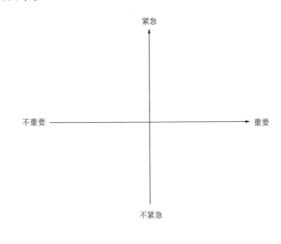

4. 目标塑造和价值情绪

"忙、盲、茫"的状态和目标的缺失有关。要形成一张一弛、充满活力的情绪节律需要我们对自己的目标有非常清晰的认知。这一节，我们来谈谈目标与情绪的关系。

故事

1952 年 7 月 4 日清晨，美国加利福尼亚海岸笼罩着浓雾。在海岸以西 21 英里（约 33.79 千米）的卡塔利娜岛上，一个 43 岁的女人佛洛伦斯·查德威克（Florence Chadwick）准备从太平洋卡塔利娜岛游向加州海岸。

雾很大，海水冻得她身体发麻，她几乎看不到护送她的船。时间一个小时一个小时地过去，千千万万人在电视直播中关注着她。有几次，鲨鱼靠近她，又被工作人员吓跑了。

15 小时之后，她疲惫不堪，还冻得发麻。她知道自己不能再游了，就叫工作人员拉她上船。她的母亲和教练在另一条船上告诉她，海岸很近了，不要放弃。但她朝加州海岸的方向望去，除了浓雾什么也看不到。

她上船的地点，离加州海岸其实只有半英里！在后来的采访中，她说，令她半途而废的不是疲劳，也不是寒冷，而是因为她在浓雾中看不到目标。查德威克小姐一生中就只有这一次没有坚持到底。

忙本身没问题，但是如果忙碌带来了茫然和盲目的感受，就说明我们的工作状态出问题了，其中最大的问题就在于我们缺乏目标体系。

一方面，目标体系给行动补充源源不断的动力。我们人类的动力从哪里来？面对工作的挑战，我们为什么能元气满满、跃跃欲试？工作动力来自行为结果的反馈。行为主义心理学家认为，行为的动机是由行为的结果所决定的。如果发现自己的行为能够实现一些小目标，并能离大目标更近一些，就给了我们一个积极的反馈，我们也因此具有更多的动力去奋斗和努力。我们从事幼儿教育工作，不论是培养幼儿，还是我们自己的专业成长，都是一项需要经过漫长的时间才能看到结果的工作，我们能够得到的即时反馈很少，这会让人产生盲目感和倦怠感。因此，我们需要为这一段段旅程增加可见的标志物，每个标志物都意味着我们的方向没走错，我们付出的努力是有效果的，只有这样我们的目标才会得到强化，被消耗的动力会被有效地复原。

另一方面，目标能够帮助我们克服焦虑。我们的焦虑很大程度上来自我们不知道自己该做些什么。有了方向，我们才不会在十字路口茫然失措。由于清楚自己的选择，取舍时也就不会患得患失，我们的情绪也会处于更加平稳的状态。

人类的工作是需要反馈的。什么才能够给人们最清晰和明确的反馈？那就是目标。我们需要在迷茫的工作状态中建立自己的目标体系。记住，不仅仅是一个目标，而是一个目标体系。目标体系包括多个目标，包括一个相对比较远和比较宏大的中长期目标（例如，我一定要成为幼儿园课程方面的专家，我要把儿童体育游戏研究出个名堂来。)，以及较近和较具体的短期目标（例如，我这三年要评职称，我今年要将我的书写出来，等等。)，此外还包括细致到每个月和每一周的具体目标。

锚定目标群，构建行动的坐标系

在大海中航行，或是在沙漠中行走，最令人恐惧的不是旅程漫漫，会殚精竭虑或危险重重，而是在一个陌生的地方茫然无措、不辨方向。而如果我们能够在茫茫的大海上找到灯塔或者在沙漠中找到路标，让我们知道自己走到哪儿了，离目标还有多远，我们的内心就会富有价值感，也才有可能坚持下去。这些大海和沙漠中的目标体系，就是我们心理上的目标体系。

工作中的茫然和盲目，和人们失去了目标体系的引领肯定有着密切的关系。我们看不到自己的进步和前进的路径，会觉得自己是静止不动的，甚至会产生努力与否都无所谓的错觉。我们看不到坐标体系，或许是由于自己的短视，我们根本就没有往远处想过。因为过于依赖外在的工作路线，所以我们在各种流程性的工作中耗尽了时间、精力和热情。这时我们就如一艘船错过了风季，就像一辆车没有了汽油，各种倦怠的感觉会吞没我们。所以，当你出现了茫然的状态和情绪，其实是情绪在发出提示和警报——你需要建立你的目标体系了。

教师首先需要有一个长期的远景目标，给当下的工作赋予更加宏大的目标，会让我们对工作产生"价值情绪"，例如产生崇高、神圣、了不起的感觉。在一个场景中，三位老师正在布置教室的墙面。第一个老师觉得"我此刻忙着剪彩条"，第二个老师觉得"我在为孩子们设置互动的环境"，第三个老师觉得"我正在培养富有创造性的孩子"。另一个场景中，三位老师正在处理孩子们的告状，一位老师觉得"我正在处理告状的事情"，另一位老师觉得"我正在教会孩子如何协商和合作，发展孩子们的社会性"，第三位老师认为"我正在培养富有领导力的儿童"。你觉得，在这两个场景中，哪位老师会对工作产生更高的价值感呢？

除了看到工作的意义和价值，教师尤其不能只在物质链上攀爬，更应该在知识链、修养链上求索。教师在"生活的苟且"之外，一定要有"诗和远方"。

确定了长远目标，还需要确定更具体的目标。确定具体目标的时候，需要找准个人能力与挑战难度的匹配点，始终用自己的最高能力水平去接受适合自己的最高难度挑战。目标太高太难了够不着，太简单了没有挑战性，挑战难度稍高于我们能力范围的目标会是一个最佳的选择。

5. 深度工作和"心流体验"

如何创造深度工作的模式

卡尔·纽波特（Cal Newport）在他的《深度工作》一书中指出：高质量工作产出 = 时间 × 专注。工作效率的保证，一是来自我们对事件根据轻重缓急的统筹和对时间的安排，二是来自深度工作的状态，从每个单元的工作时间中获得最大的效能。

所谓深度工作是在无干扰的状态下专注地工作，使个人的认知能力达到极限。这种努力能够创造新价值，并提升自己的能力，深层工作的结果是难以复制的。浅层的工作是在分心状态下完成的工作，工作时并没有投入太多个人认知的要求。浅层的工作往往不会为世界创造太多新价值，且容易被替代和复制。工作状态是由我们自己决定的，如果我们全身心投入，就能够将眼前的工作发展为深层工作；而如果我们没有全身心投入，以流水线心态和完成任务的心态来看待眼前的工作，任何工作对你而言都是没有意义和价值的。

我们如何进入深度工作的状态呢？区分深度工作和浅层工作最核心的差异是信息加工的模式。深度工作的秘诀就是有选择地投入注意力。如果你想要赢得注意力的战争，就要学会对那些琐碎的分心之事说"不"；而要对那些激发出你无尽渴望的事情说"是"，让这些能激发无尽渴望的事情挤掉所有其他的事情。我们常常不得不同时处理很多事情，尽管工作中难以避免多任务并行的状态，但我们可以努力寻找一段集中时间来处理最重要的事情。要知道，30分钟不受打扰地处理一个任务，其效率远比3个10分钟要高。只有把控好我们的注意力，才能够让我们进入到深度工作模式当中。

如何实现深度工作？我国的学者陈煜海总结了四种达到深度工作的模式。节奏模式，即每天固定的时间固定做一件事，形成节奏，让习惯带给我们最大的工作效率。双峰模式，把我们自己的时间分为两块，其中一段时间用于高强度、无干扰的专注工作，其余时间用于处理简单的、浅层的工作。禁欲模式，将自己封闭在别人联系不到的地方，切断一切与外界的联系。记者模式，要求只要一有空闲，就能立刻进入深度工作模式。我们总能找到适合自己的深度工作模式，至少能够找到某一段时间中适宜的深度工作模式。只要根据自己的实际情况，主动寻求，坚持下去，就能开启深度工作模式，而不会在无数浅层信息中耗尽脑力，在多任务压力中怨天尤人。

不论是哪一种时间管理的模式，最核心的内容就是"保护自己的工作时间"。在时间和空间上我们都需要为工作留存相应的空间，以确保自己不受到额外信息的扰乱。例如，空间上，我们可以给自己尽可能安排不受干扰的环境，将自己和一些琐事做一些隔离，如果手机或者其他一些物品的存在是影响我们注意力的重要原因，那么就让我们将这些东西放置在我们并不容易拿到的地方。在时间上，我们也可以给自己做出类似的安排，给自己留下绝对不受打扰的时间。此外，我们还需要在心理上给自己留下不受打扰的心灵空间。还记得我们在前面"情绪的自我调控"那一部分说的"活在当下"吗？让我们将自己的思维引向我们关注的领域，全心全意地将身心投入此时此刻当中，感受工作中的每一个细节。这样，我们就能够在微小的工作细节中获得无尽的愉悦感和力量感。

心流体验（Flow experience）

我们在第一章讲解情绪的基本理论中讲"快乐"这一情绪时谈及了心流体验，这是一种非常特别的积极情绪。心流体验是一种身心高度投入一项活动时所伴随的积极情绪体验。当人们全身心投入一项可控又富有挑战性的活动中时，会沉浸在一种忘我的状态中。处于心流体验中的人，内心充满和谐的感受，感觉、希望与想法在此时协调一致。心流体验这个概念由美国心理学家米哈里·契克森米哈赖（Mihaly Csikszentmihalyi）提出。他有一本著作叫作《心流:最优体验心理学》,被翻译成三十多种文字,风靡全球。他认为个人幸福的至高境界就是创造心流时刻。

拓展阅读

米哈里曾指出，心流体验具有9个一般特征：技能与挑战的平衡、清晰的目标、即时的反馈、行动与意识的融合、全神贯注、控制感、自我意识丧失、时间感扭曲以及以自身为目的（Autotelic）的体验。心流体验在持续时间、频率、强度上有所不同，从几分钟到几个小时不等，在频率上有的个体经常产生，而有些人则缺乏心理体验。

案例

于老师工作时常常无法专注，据她自己分析，原因在于她的内在动机太过薄弱。眼下的工作目标都已经实现了，没有任何挑战性；而更高的目标任务，由于难以完成，都不在于老师的考虑之列。同时，于老师因为儿子青春期的各种叛逆言行而感到担忧，生活中的很多杂事也会不时涌入于老师的大脑让她感到心烦意乱。因此，于老师的心思虽然大部分集中在工作上，却又没有完全投入其中。她努力集中注意力，但是意识依然有些涣散。思想、情绪及意图形成几股相悖的力道，将她的注意力扯散。

不仅上班的时候如此，下班之后和朋友小聚，于老师也常常有这种不能全心投入的感觉。于老师很喜欢下班后与同事们一起聚一聚，聊聊天放松一下的感觉，但是又总是因为不能早些回家照顾家人而感到内疚，同时还觉得这样的聚会不仅花钱，还太耗费时间，心里面总是隐隐觉得不安和郁闷。

这种不能投入的状态是典型的缺乏心流体验的状态。缺乏心流体验的生活是缺少幸福感的，缺乏心流体验的工作更是疲倦平淡、效率低下的。你是不是也曾有过这种无聊枯燥、心不在焉的感受？

现在，让我们试想另一种情境和状态：

你正滑雪由山坡上下来，全副精神都放在身体的动作和滑雪板的方位上。咻咻的气流刮过脸颊，白色的树丛从身旁呼啸掠过，丝毫不容你产生分心的念头。你明白，只要情绪或心念上有一丝疏忽，就可能一头栽进雪堆里。在这种全神贯注的情况下，你滑得顺畅无比，真希望永远这么滑下去，让自己彻底沉浸在这份感受中。

这种状态就是心流体验。许多人形容心流体验为自己表现最突出时那份水到渠成、不费吹灰之力的感觉，也是运动员处于巅峰、艺术家及音乐家灵思泉涌的感觉。运动员、艺术家等在达到心流境界时，所做的事情虽各不相同，他们对此体验的感受和描述却大同小异。

从心流体验中，个体不仅能够获得高水平的经验发展，也能够获得高浓度的情绪滋养。情绪或许是实现深度工作最有效的配方。不断创造心流体验，塑造深度工作模式，是我们获得职业发展、提升工作效率的最有效方案。

我们常常觉得心流体验是可遇不可求的，因此我们对于主动形成自己深度工作的模式没有信心。其实不然，你可以有意识地创造你的生活，让它充满心流体验。当我们不能改变外在形势时，我们可以改变自己。只要你愿意，生活中的每一件事都可以变成你的心流时刻。既然你已经觉察到了自己对于浅层工作的不满，并分析了自己浅层工作的原因，那是时候去建构自己的工作模式和调整自己的情绪状态了。

我们可以借助时间、精力和情绪的管理来增加自己的心流体验的获得频次，提升工作体验。正如刚才介绍给大家的方法：我们需要设立目标，让自己的心理空间变得更加清晰明确；我们需要活在当下，让自己能够全身心地感受当下工作的每一个细节；我们需要对自己的时间和精力进行有效分配，不要让心情和事情混乱无序，而应尽量保证我们在工作和生活中处于不受干扰的状态。这样，只要情绪稳定，生活节奏好，我们就能使自己保持良性运作的状态。这样，无论是在阅读资料、进行环境创设，还是进行一堂幼儿户外体育游戏的教学，我们都可以完全投入和浸润在其中，获得一种沉浸式的愉悦感。

:

第七章

:

情绪让我们的教学更有效

你曾经历过的让你印象最深刻的、最有意思的课堂是什么样的？不论这个课堂发生在人生的哪一个阶段，课程的内容是什么，也不论你是这个课堂的老师、学生还是旁观者，相信那些让人难以忘怀的课堂都具有一种情绪的魔力——教师的语言让你沉醉其中，所有课堂参与者都被深深吸引；课堂节奏紧凑，富有悬念，课堂情绪始终保持着高位兴奋的状态；课堂放松且自由，大家都可以真情流露，表达自我，没有约束感和压力感；但是无形的规则和纪律同时也在影响着师生的言行……

我们当学生的时候，谁不喜欢和热爱这样的老师和这样的课堂？今天我们成了教师，也梦寐以求能够拥有这种教学的魔力，能建构这样充满魅力和吸引力的课堂。但仅仅依靠知识和技能，我们不可能让课堂富有这样的生命力。课堂的功能不仅是简单的知识传递，更是一个情绪场，一个育人的摇篮，一个心与心交流的空间。教师必须充分使用情绪的力量，点燃自己的情绪，调动学生的情绪，达成师生间情绪互动的循环，最后创造一个神奇的课堂。现在就让我们一起来解析一下那些神奇课堂的魔法工具——情绪。

> **练习**
>
> 　　写下给你印象最为深刻的几堂课，回顾你在课堂中的各种情绪感受，并思考到底是课堂中的哪些特点带给你这样的感受？
>
> | 课堂的基本情况（时间,地点,任务） | 你在课堂中的角色 | 当时的情绪和感受 | 你的理解和想法 |
> |---|---|---|---|
> | | | | |
> | | | | |
> | | | | |

　　教育心理学家们对那些给人记忆最深刻的课堂进行了深入的研究，发现这些优质课堂中包含三类共同的情绪：接纳与温暖、专注与挑战、敬畏与约束。就好像绝大多数的颜色，都是由红黄蓝三原色混合而成，不同的主体和风格的课堂，要触及孩子的心，都需要触及这样的"情绪三原色"。而这三种情绪成分的不同组合和平衡，又造就了不同风格的课堂。

1. 师爱构建课堂温暖和接纳的底色

　　爱是一种独特的人类情绪。爱与被爱，都会让人产生温暖、愉悦和安全的感受。健康的人生一定有着爱的温暖底色。作为幼儿教师，我们有责任为孩子的人生底色涂上温暖的一笔。每一个富有温度的课堂中一定有一位温暖的教师，具有安全感的班级里一定有一位会包容和接纳的教师。在幼儿园，教师独特的师爱为课堂涂抹温馨的色彩，也为孩子的童年涂上安全的底色。

独特的师爱

案例

我是一名幼儿园新教师，带的是幼儿园小班，恰逢新生入园。早晨，我笑容满面地站在教室门前，等待幼儿的到来，既激动又紧张。第一个来的是一个小男孩，白白胖胖的模样十分可爱。他奶奶把他抱在怀里，他甜甜地对我叫了声儿："老师好！"我询问了他的名字后就把他带进教室，拿出玩具给他玩儿，他奶奶见他玩得开心，便要跟他说"再见"。他这时突然就扔下玩具，跑过去抱住奶奶的腿，大哭大叫，吵着要跟奶奶一起回家。我走过去抱住他、哄他，可是他就是听不进去，对着我又踢又抓，我顿时束手无策。这时，我回忆起学校课程的内容，心里不断换位思考：孩子第一次上幼儿园，对幼儿园感觉到很陌生、很害怕，我得让孩子感觉到我是可以亲近的，值得信任的。于是我问他："鑫鑫（他的小名），你坐过火车吗？"可能是我问得太过突然，他一下就停止哭泣愣住了，看着我说："坐过，我坐过火车，我去看我爸爸的时候坐过。"我问："坐火车好玩儿吗？"他点点头说："好玩儿。""我们幼儿园也有一个很漂亮的火车，老师带你去找小火车玩儿好不好？"鑫鑫点点头，我顺利地牵着他的手走回了教室。临走时，我用眼神示意他奶奶快点走。到了早课时间，我打开电视机调出欢快的幼儿舞蹈视频，带领孩子们一起学音乐，学跳舞，教他们唱儿歌《好妈妈》。教第一遍时，他们很认真地学，到了第二遍，唱到"让我亲亲你吧"的时候，有的小朋友忍不住哭了起来，说想妈妈，想回家。这一哭带动了其他的小朋友，大家哭哭闹闹吵成一团。面对这突发状况，作为新手教师的我傻在那里了。过了一会儿，我突然想起来在电视看到过的类似情况，于是我摇摇铃鼓示意小朋友安静下来，说："我们小朋友都非常想念妈妈，想要见到妈妈，想要回家，是不是呀？那么老师来看一看，哪个小朋友乖乖的，不哭不吵，那老师就给他妈妈打电话，让他妈妈早点来接他回家，好不好呀？"小朋友们一听都吵着说自己乖，让我赶紧给妈妈打电话。小朋友们的情绪缓和后，我又说："老师现在教你们一首歌，看谁先学会，好不好呀？"就这样，小朋友重新安定了下来。经过了一天的锻炼，我也明白了作为一名幼儿教师，光有慈母式的爱是不够的，你更应该有师爱——你应当是幼儿的朋友和引导者。

张小霞，2016

人们常将教师比作母亲。师爱与母爱相比，既有共同点，又有独特之处。苏联著名教育家苏霍姆林斯基说过："教育者最可贵的品质之一就是人性，对孩子们深沉的爱，兼有父母的亲昵温存和睿智的严厉与严格要求相结合的那种爱。"如果说母爱发自天性，是人类的自然本能；师爱则更多的是一种德行和素养。在幼儿园，"流水的孩子，铁打的老师"。教师迎来一届又一届不同的孩子，教师只有在工作拥有师爱，才能呵护孩子的身体，让他们长高长大，培育孩子的心灵，让他们的灵魂变得丰盈茁壮。

师爱是高位的大爱。爱自己的孩子是本能，而跨越血缘去爱所有的孩子则是一种高位的职业的爱。教师需要突破自己的小情小爱。很多时候，教师自然而然地偏爱那些比较可爱的孩子。例如，对于一些表现比较"乖"，或者和自己比较合拍的孩子，老师常常表现出更多的关注和互动。而对一些不够"乖"的孩子，或者与自己的配合不够好的孩子，教师可能会产生否定和拒绝的情绪，甚至在不知不觉中给予这些孩子不一样的对待。教师的大爱表现在，不仅爱可爱的孩子，也爱那些不够可爱的孩子，并且真诚地发现每一个孩子的可爱之处。孩子虽是敏锐的知觉者，却是拙劣的表达者。教师的态度必然会被孩子感知到，并影响到孩子对自己和幼儿园的认知。教师应当突破"小爱"而形成"大爱"和"博爱"，以教师之心公平、善意地对待每一个孩子。要成为一名合格的教师，不但要有爱心，还必须像春雨滋润万物一样把这份爱洒到每个角落。

师爱带着独特的理性，指向儿童的未来发展。幼儿教师在师幼互动和教学过程中会遇到很多情绪困扰。解决这些情绪困扰的方式有很多，例如我们前面所学习到的多种情绪调节的方法。不过，教师应当选择的往往并不是对自己来说最简单、最省劲的方式，而是对孩子的发展具有最佳作用的方式。例如，在区域游戏的时候，孩子们因意见不同而发生争执。一些老师选择了最省时省力的方法——将孩子"隔离"开，而另一些老师则选择了最费时费力而且高风险的方法——让孩子们自己解决问题，并一起完成下一个更具有挑战性的任务，教师此举的目的就是为了让孩子们能够在冲突和争执中成长。这使得教师的爱展现出了独特的理性之美。教师的爱不是哄孩子的工具，也不是为了取悦孩子，而是指向孩子未来的发展。

师爱与师德相互滋养。教师的爱与教师之德在学前教育中是高度交融的。关爱幼儿，是教师一种宝贵的职业情感，也是教师必备的道德素质，爱应与教育同在。在幼儿教育的过程中，师德滋养灵魂的丰盈，师爱浸润生命的成长。苏联教育学家凯洛夫曾经指出："感情有着极大的鼓舞力量，因此，它是一切道德行为的重要前提。"在学校德育工作中，教师应注重"以情育德"，发挥情感的力量，增强德育的实效性。师幼互动中的认知、明理、导行都是在情感动力的影响下进行的。师爱是教师情感中最为突出的一种情感。

做一个有爱的幼儿教师

如何为师幼互动涂抹上爱的底色？这需要教师本身成为一个有爱、会爱、能爱的高温暖度教师。如何成为这样的教师呢？回顾并应用我们前面第四章《如何处理好自己的情绪》中所学习到的，我们需要通过情绪的"觉察—理解—调控—表达"的四步来建构我们健康的内部情绪循环，从而激发、调控和表达师爱这种独特而深沉的情感。

师爱的自我激发

人类的心灵是一座花园。如果你灌溉玫瑰，这将是一座玫瑰的花园；如果你呵护满天星，这座花园将盛开满天星。如果我们关注并培养自己的师爱，我们也将成为散发温暖气息的、充满爱的教师。

激发师性的一种重要的方式就是有意识地觉察自己的师爱。在与孩子们互动的过程中，我们常常都可以感受到教师之爱的存在。当我们的付出被孩子接纳，让孩子得到成长时，我们内心充盈着温暖的、满足的、愉悦的、富有成就感和价值感的师爱情绪。不过大部分时候这种感受是不被觉察的，甚至转瞬即逝。如果教师不去觉察和捕捉自身这种师爱情绪，那么它能带给教师的心理营养就很有可能会被浪费。最糟糕的是，随着我们慢慢熟悉和习惯幼儿园的场景，很多让我们感动的瞬间都不再能激起我们内心的涟漪。此时，不妨细细地回顾这种情绪，让它在心中酝酿一会儿，甚至可以在日记中将当时的感受记录下来，或者和自己的好友分享这独特的感觉。这样，师性情绪就会被深化，其中蕴含的心灵营养也能够更好地被我们吸收。

师爱的磨砺与成长

在教师职业成长的过程中，教师的师爱也逐渐变得更加稳定、厚重和专业，这些是在教师与幼儿的相处和磨合中逐渐形成的，是教师专业素养的一部分。

爱和理解在师幼关系中往往互为因果，突出的例子就是教师对儿童行为的理解。教师因为师爱而去理解幼儿，又因为理解幼儿从而能更好地爱幼儿。一些教师和幼儿之间没有建立起情感的联结，不仅导致教学效率低下，还给幼儿教师带来消极的情绪。一些教师总是将自己放在幼儿的对立面，觉得幼儿不听教师的指令，挑战了教师的权威，并因此生气，还发脾气，甚至做出虐童等行为。这些固然和这些教师师德缺失有密不可分的关系，但更受到教师自身情绪素养的影响。因为教师不懂孩子，不能理解孩子，更不能有效地影响和引领幼儿，当然无法和幼儿建立亲密的关系，更不懂得通过幼儿的行为理解他们的需求。因此，幼儿教师爱孩子，就要保持自己的童心，懂得换位思考，放下教师的架子去体会幼儿的感受。

知识拓展

孩子四种最容易被误解的行为

很多时候，不是孩子不愿意听话，而是我们没有真正了解孩子。一些老师常常误解孩子发出的信号，或者先入为主地强调自己的感受和要求。要知道，孩子无法像成年人一样表述自己，他们常常通过"特异的行为"和"反向的语言"来折射自己内心的需求。因此，老师不仅要善于解读孩子的语言和行为，还要温柔聆听和积极回应，唯有如此，才能给孩子的情绪以恰当的反馈。

1. 寻求权力

小班的可可洗手之后，并没有把水龙头关上，水流恰好变成了一根线，可可就一直在看着这一条水线。金老师走过来，把水龙头一把关上，然后牵着可可的手说："快点儿，我们要一起吃水果了。"可是这时候，可可的眼泪马上掉了下来。他扭着胳膊说："我不吃，我不吃。"他不但不去吃水果，还要求金老师把水龙头的水调成和刚才一模一样的水线。

可可为什么会闹脾气呢？这是因为可可有自己的要求和主张了。这种情况在2—3岁的孩子当中特别常见，两三岁也被称为人生的第一个反抗期。此时孩子的语言表达能力和问题解决能力都还不够，情绪调节的能力也还没有发展起来，所以幼儿常常用"发脾气"的方式来宣示主权和要求权力。

金老师读懂了可可执拗行为背后的需求。她没有压制可可的需求，而是和可可一起将水流调到了刚才那样一根细线的样子。跟可可耐心地讲述水资源的宝贵并鼓励可可关掉水龙头之后，金老师使用了"选择法"，让可可选择先吃苹果还是先吃葡萄，可可认真地想了想说："我们先吃苹果吧。"看，当孩子寻求自主权的内在需求被满足了之后，我们就可以和孩子实现联结了。

2. 寻求关注

金秋9月，李老师又迎来了一个新班级。班上有一个孩子叫果果，每次李老师和其他的孩子互动的时候，果果都会跑过来，缠着李老师说："李老师，你抱抱我啊。"李老师也曾和果果认真地说，老师要爱所有的小朋友，要照顾所有的小朋友。可是果果并没有因此而改变。只要李老师和别的孩子一起玩，他就会不开心，甚至会哭起来。

如果"用心"解读，就能理解果果的行为是由于缺乏安全感而刻意寻求关注。李老师在读懂了果果的情绪之后，接纳了果果的感受，并帮助果果更好地融入集体当中。

3. 进行报复

不知为什么，姜姜这几天的表现和平时很不一样。老师和姜姜说话，姜姜就像是没听见一样。区域活动时，姜姜在阅读区大声地唱歌，带班老师让姜姜小声点儿或去表演区玩儿，姜姜不但不听反倒声音更大了。柯老师来找姜姜："姜姜小朋友，去我的农场看看吧。"然后她把姜姜带到了角色游戏区，对姜姜说："让我们一起来吃好吃的吧。"姜姜还是没有反应。柯老师又说了一次："我们来吃好吃的吧，快来！"可是这一次姜姜却大声地说："催催催，你怎么像我妈妈一样就知道催！不要再催了！"

富有经验的柯老师听出来了，一定是妈妈平日的过度催促让姜姜产生了逆反心理。姜姜的行为其实是一种"报复"。在和姜姜妈妈电话沟通之后，柯老师就更有把握了。原来这些天家人为了改掉姜姜的坏习惯，常常催促和批评他，姜姜也因此和家人发生了不少冲突，最近在家中也常有一些叛逆和报复性的行为——有时候和他说话，他充耳不闻；有的时候什么事都跟家人对着干。对此，柯老师采取了"共情法"。她不再催促姜姜，而是尽可能去理解姜姜的感受，通过和姜姜提前约定、做行为暗号等多种方法，逐渐改善了姜姜磨蹭的习惯。

4. 缺乏自信

洋洋特别喜欢阿凡提，每次老师讲阿凡提的故事他都听得非常投入，还喜欢穿印着阿凡提的衣服，玩阿凡提的玩偶。这次"六一"排练情景剧，黄老师特地让洋洋扮演阿凡提。可是没想到洋洋却并不高兴，一下午闷闷不乐，在排练的时候，也不像平时那样活跃。黄老师蹲下来，拉着洋洋的手问他："洋洋，你不是特别喜欢阿凡提吗？为什么扮演阿凡提的时候，你都不笑呢？"洋洋抬头看了老师一眼，小声地说："阿凡提那么聪明，我演不了阿凡提。"

林老师一下子就明白了洋洋的心结所在。原来洋洋认为自己不是一个聪明的孩子，因此不敢扮演聪明的阿凡提。理解了洋洋胆怯和闷闷不乐的原因，林老师开始反思，是否在家庭教育和幼儿园教育当中，对洋洋的要求太高了，是否没有及时给予洋洋正向的反馈……

师爱的独特表达方式

师爱是感性和理性的交融，师爱的表达方式是独特的。

师爱的独特表达，首先在于教师的表情。很多幼儿教师内心温暖丰盈，但是不会表达自己的情感，其中部分教师则缺乏"表达意识"，不注意自己的表情管理。表情管理对于师爱的表达来说是不可或缺的。从家庭到幼儿园，是孩子跨出的人生第一步。在幼儿园里，教师需要将内心的善意和温暖充分地表达出来，让班上的每个孩子都能感知到；教师还需要在最快的时间和孩子建立起信任和依恋的关系，帮助孩子顺利入园。教师的师爱是多维的，包括接纳和呵护、公平和约束，所以教师应当通过表情精准地进行表达。教师的面孔、声音和姿态表情都应充分、高效、精准地传递师爱。当然，这种情绪能力不是一朝一夕能够形成的，这需要教师自身人格不断地完善，也需要教师专业素养持续地提高。

其次，师幼互动并非教师单方面不断输出，不停地对孩子进行介入和指导。在师幼互动中做一个高质量的倾听者，也是师爱独特的表达。如何才能成为高质量的倾听者呢？一是要投入地倾听。人人都有分享想法和情感的愿望，孩子也一样。孩子对教师的倾听状态是非常敏感的，教师很难"假装倾听"。如果幼儿在与你分享的时候发现你没有投入进来，他就会打消分享的念头。二是可以通过适当的姿态变化，使用一些外显的线索来表达"我正在倾听"。例如，放下手中正在忙活的事情，以期待的神态看着孩子；或者暂停和别人的对话，转过身面对面地听他说。幼儿会感受到被关注和被尊重的满足感，他的分享欲也会被激发。三是回应幼儿。倾听并不意味着默不作声、完全被动地听，而是在听的过程中能够有效回应。有技巧的"复读"以及呼应孩子的语言，都能让儿童感受到教师的倾听。例如，"所以，你已经发现了 7 只瓢虫了？""我知道了，原来小兔子把魔盒藏起来了。"

最后，行为的呼应同样是师爱的独特表达。在纪录电影《小人国》里，看到三岁的锡坤将院子里小朋友们的鞋子都扔进垃圾桶，将玩具室所有珠子都弄到地上，老师并没有立刻制止和指责。

她满眼都是对孩子"淘气"行为的深深懂得和接纳。她甚至也加入进来，呼应孩子的行为，这一步让她成为孩子的伙伴。她和孩子们一起了解垃圾桶的肚子到底有多大，和孩子们一起感受抛出和接住闪亮的玻璃珠的愉悦……孩子在教师的行为中获得了对好奇探索的肯定和情感的接纳。教师对孩子的爱，体现在教师尊重孩子的行为和行为后面的愿望和信念，愿意去支持他们的梦想，愿意成为他们的合作伙伴。这是师爱的最独特的表达。

2. 情绪点燃幼儿的认知活力

　　教师都希望在师幼互动中有效影响幼儿，实现幼儿核心素养的发展。但这一点究竟是如何发生的，教师究竟是如何给孩子带来知识和经验的提升？教师的作用仅仅是呈现知识并且让孩子记住吗，还是引导孩子训练就够了？不！在一个人的成长过程中，情绪也是环境所能够提供的最重要的营养之一。情绪本身具有育人的力量，情可以育德，情可以促智，情可以育人。

　　什么样的课堂能够让孩子们更为投入？教师和学生的互动具有复合的情绪色彩，课堂作为师生互动的一种特殊形式，从课堂中也能折射出不同层次的复合情绪。师幼互动或课堂具有两个层次的情绪，即客体色彩和主体色彩。客体色彩是课堂自身的主题和内容所带来的色彩，例如有些师幼的主题互动充满悬念，有的唯美而忧伤，有的充满愤怒和力量感……但在主题和内容之下，学生带着什么样的情绪参与到课堂互动中来，这是主体情绪。优质的师幼互动中最典型的情绪是安全感、愉悦感和投入感。安全感是一种弥散性的情绪，贯穿师幼互动全程，甚至扩散到孩子生活的其他情境。安全感使他们富有价值感，会为自己感到自豪和骄傲，同时也充分相信课堂中的其他人会悦纳和欢迎自己。愉悦感来自师幼互动中获得的积极反馈和和谐融入的感觉。投入感则是混合着兴奋、激动、好奇、专注等奇妙的感觉。这些情感是孩子创造力发展的催生素，是引发幼儿灵感的动力。当我们在和孩子互动的时候，需要有意识地评估孩子们的情绪状态，从情绪的角度来对师幼互动和教学课程进行评价。

专注与挑战——建构活跃的情绪课堂

美好的课堂一定具有情绪唤醒力。回忆一下，什么样的课堂是你最不喜欢的，那一定会和无聊、枯燥、沉闷等情绪的产生相联系。而最难忘、最喜欢的课堂一定是妙趣横生，让你精神振奋的。要改变课堂沉闷的局面，唤醒孩子们的大脑，首先要唤醒孩子们的情绪。具体该怎么做呢？有两个关键的步骤：

做一个具有唤醒力的老师

在走进幼儿园之前，教师本人可能觉得疲惫，可能满腹心事，但进入到幼儿园和孩子们在一起，就需要立刻切换情绪，让表情洒满阳光，让声音充满激情，通过有声语言和无声语言传递出教学的信息——"这是多么有趣的游戏""我们一定能够完成这个挑战"。这些情绪一定会感染学生，使他们产生同样的感觉，并由"老师很感兴趣"导向"我们很感兴趣"。这样一来，学生的学习积极性就被调动起来了。教师只有对教育工作倾注满腔热情，热爱学生，对教学充满信心，才能用好这一方法。

教师是课堂的魔法师，情绪是课堂的魔法棒。每一个课堂育人的奇迹，就来自教师对情绪的有效调控。课堂需要一定的情绪强度，从而唤醒孩子们，把他们的注意力牢牢地吸引到课堂主题中来。兴奋的情绪从哪里来？这很大程度上取决于教师。每一个活跃的课堂都有一个情绪的能量源，这个能量源就是教师。这对教师的要求特别高，教师引领课堂，教师需要具有情绪的影响力。教师情绪是课堂情绪的"定海神针"，要确保班级的情绪不涣散，教师的情绪就不能涣散。教师情绪还是课堂的"发电机"，让学生情绪饱满，富有活力。因此，如果要唤醒孩子们的情绪，教师就要先点燃自己的情绪。教师自信和活跃的情绪也会传染给班级中的每一个孩子，让他们"元气满满"。

与孩子同频共振

案例

在一个中班教学活动中，老师请小朋友们围坐成一个圆圈后发出指令。

老师：现在，请你转身，找一个好朋友，两个人手拉手面对面。

孩子们纷纷转身找自己的同伴，老师一边查看小朋友自主结对的情况，一边帮落单的孩子找到同伴。

老师：都找到好朋友了吗？

幼儿集体：找到了！

老师：小朋友们跟好朋友是怎么坐的？（环视幼儿，身体前倾）面——对——面（拖长音调）。来，看看你好朋友的眼睛，在他的眼睛里发现了什么？（语调轻柔，面带微笑）互相看看对方的眼睛，看他的眼睛里有什么？有没有发现什么？

幼儿集体：看见我了！

老师：哦，有很多小朋友在朋友的眼睛里发现自己了。（露出欣喜的表情）你的好朋友眼睛里有你，那你知道你的眼睛里有谁吗？

幼儿集体：朋友！（兴奋，大声）

老师：哦，有你的好朋友。（语速减缓）今天老师给你们带来一首好听的歌，这首歌唱的就是你们刚才面对面和好朋友玩游戏的歌，歌的名字叫《拍手唱歌笑呵呵》，听一听，歌里是怎么唱这个游戏的。（逐渐收起笑容，语气转为平和）

老师转身离开，走到钢琴边开始弹奏。

上面的案例中，教师在教学活动中通过自身的情绪表达吸引幼儿的注意力与兴趣。在活动的开始，教师设计了幼儿自主结伴的环节，营造了相对轻松自由的氛围。紧接着，教师的语气语调与面部表情发生转变，并通过"诱导与引导"的言语向幼儿发出了互相看眼睛的指令，通过自身正向情绪的表达营造出一个带有游戏性的活动情境。显然，教师的这一正向情绪表达取得了良好的成效，成功调动了幼儿参与活动的积极性，并诱发了幼儿对教师行为的积极回应，吸引了幼儿的兴趣与注意力，为接下来的儿歌学习奠定了基础。

教师的情绪能够感染学生的情绪，学生的情绪能够与教师产生共鸣。物理的共鸣建立在相同频率之上，师生心灵的共鸣建立在教师和学生的有效互动之上。有效的互动不是形式上的问与答，而是教师能够有效回应和调动学生的情绪，从而在人与人的情绪空间中，建构起一个富有感染力的情绪场。情绪场越强，教学的向心力就越强，学生的体验感也就越强，教学的效果也就越好。要建构富有"磁性"的情绪场，教师强有力的情绪能量只是其中一个方面，教师不断地搭建师生之间、生生之间的互动关系也非常关键。下面的这些策略能帮助我们建构情绪场：

1. 让课程内容与每个孩子相关

设想你在听一个主题冷门的讲座，听得晕乎乎的，这时候老师忽然提到了你的名字。你是不是会立即抬起头把目光转向他？这就是典型的情绪唤醒。如果要点燃学生的情绪，捕获学生的注意力，那就要让教学内容与学生有关，关系越具体、越明确，所产生的情绪效应就越强。

2. 设置富有代入感的课堂情境

幼儿无法理解过于抽象的内容，调动孩子的积极性需要将内容和主题转化为孩子熟悉的、喜欢的、感兴趣的情境。例如，为教学设置游戏的情境、竞争的情境、故事的情境，或者是创造一定的悬念，由教师引导孩子们共同探索一个奇妙的空间。

3. 用一切方法让课堂变得有趣

将课堂变得有趣，也是唤醒课堂情绪一个有效的方法。什么是有趣的课堂？生动的课堂内容、幽默的教师语言、充满悬念的问题、有挑战的课堂活动、丰富的互动、孩子们喜欢的小礼物……这些能让孩子们感受到乐趣的课堂就是有趣的课堂。

幽默感的应用特别重要

幽默是教师个性的展现，是教学过程中哲理和情趣的统一。教师用幽默可以营造一种轻松愉悦的课堂氛围，让学生的精神获得自由，让智慧在高峰体验中绽放绚丽的花朵。

法国有谚语说："没有幽默的地方，生活无法忍受。"可见幽默之于生活的重要意义，课堂当然也不例外。每个人在一生的学习过程中会遇到许多老师，一个具有幽默感的教师往往会在学生的记忆中留下很深的印象。幽默本身就是一种艺术，是美感的外在表现，也是道德感的自然流露、理智感的具体反映和教师人格美的示范。《优秀教师课堂情绪管理的智慧》告诉我们："教师的幽默会拉近师生的距离，解除尴尬的气氛，课堂中的幽默则能吸引学生的注意力，令学生对所学知识加深记忆，更好地进行情感交流。教师的幽默能使学生受到耳濡目染的熏陶和感染，使学生形成幽默品质，养成乐观豁达的气度和积极进取的精神，调动学生学习的兴趣和积极性……"教师把幽默融于教学之中，把教学内容变得趣味盎然，使幼儿在笑声中开展认知活动，对师幼关系的融洽、课堂气氛的活跃以及教学效果的提升都有着十分重要的意义。

给情绪时间和空间，酝酿情绪

为什么在有的课堂中，孩子们常常思如泉涌，有无数的想法和创意，愿意动手尝试，而在另一些情境中，孩子们却不愿意进行探索。活化课堂有很多方法，但每种方法都离不开营造开放的、探索的情绪氛围。

教师的期待是构建探索型课堂的关键，教师需要对孩子的行为富有期待，并能够用语言、行动、表情来展示这种期待，用你的期望来诱发孩子的探索性。

教师还要学会等待，不能太着急。有研究表明，大部分教师在提出问题之后，往往只能够等待一秒钟甚至更短的时间，而如果我们愿意给孩子三秒及以上，孩子们给出的答案将会更加富有逻辑性、创造性和完整性。给孩子提出了问题之后，不要急着告诉孩子答案，也不要催促孩子们回答，让孩子们拥有更多自由探索的时间和空间。

此外，教师要学会启发，而不是灌输。我们不要总是直接告诉孩子答案，而是给他们提供更多的线索。不要总想着向孩子的头脑中"输入"，而是给孩子的机会"输出"。例如，你只需要给他看看显微镜下的手指上有多少细菌，他们就会明白为什么要在餐前洗手了。

教师，不要总是用"太好了"或者"太棒了"来给孩子的作品下结论，因为这些语言往往意味着结束。可以将我们的语言更新为"很有意思""我怎么没有想到"，这时候情绪体验是向外的，开放的情绪会带领孩子去往更广阔的空间进行探索。

建构宽松自由的课堂氛围
——关注情绪，而不是控制对方

老师试图营造活跃的、专注的情绪氛围时，容易急于求成，常常直接就想去控制孩子的情绪，结果发现，越是想控制孩子的情绪，孩子的情绪就越是失控。这是怎么回事呢？

教师调动情绪的方式，永远不是控制和要求。有一个古老的寓言叫作《北风和太阳》。北风和太阳打赌，看谁能先把路上行人的棉衣脱下来。北风越是施展威力，吹得越是猛烈，行人就把衣服裹得越紧；而太阳用阳光普照大地，行人感到温暖，就主动将棉衣脱下来了。

成人对孩子情绪的影响也是如此，我们如果总想着去控制孩子们的情绪，就会让孩子们感到压抑和不安，孩子们就会无法与课堂合拍。教师越是想控制幼儿，就越不能营造轻松愉悦的情绪场。而如果我们自身是有趣的、温暖的、安全的，孩子们就会释放出自己的天性，表达出自己的情绪活力，也会被有趣的教学所吸引，并迸发出珍贵的创造力。

案例

　　今天张老师组织中班幼儿进行了音乐游戏活动《小金鱼》。张老师一边带领幼儿练习小金鱼的动作，一边不时地示范和提醒动作的要领，同时对动作不到位的幼儿进行反复提醒——"可可，向上游，向下游""邱磊，两只手在前"等。张老师的确很尽心、很用心，可是孩子们却被老师指挥得乱了手脚。孩子们一开始的舞蹈热情也迅速冷却下来，取而代之的是紧张和不安。

　　张老师追求熟练整齐的呈现，她的追求中隐藏着"只追求学习结果"的潜在理念。幼儿对艺术的感知与表达变成了简单的机械模仿，改变了艺术教育"自由"的特征，使艺术教育失去了"情感"意味。这种紧张的负面情绪场，定然会桎梏幼儿的艺术激情。在艺术教学活动中，由于教师教育观念和教育行为偏差等原因，可能会在不知不觉中营造出沉闷、压抑的情绪场，从而破坏幼儿的情绪体验，并对幼儿的审美兴趣、审美态度、审美情感产生消极的影响。

　　我们首先要理解学前教育的实质。学前教育并不是要培养某一个领域的专家，而是要借助科学、艺术等内容载体，培养儿童德智体美劳全面发展。正如德国著名教育学家第斯多惠（Adolph Diesterweg）说："教学的艺术不在于传授的本领，而在于激励、唤醒和鼓舞。"只要教师给予孩子多一些会心的微笑，多一些鼓励的目光，多一些温暖的拥抱，多一些真诚的赞许，多一些心灵的沟通，愉悦感就会伴随孩子的整个学习过程，并带给孩子更多的自信、更多的热情，这是符合幼儿成长心理的。

3. 敬畏与约束——情绪维护规则和效率

高尔基曾经说过："爱孩子，是连母鸡都会做的事情。"但幼儿教师的爱超越了自发和本能，是一种具有职业意义上的理性的大爱。有一句古话："父母之爱子，则为之计长远。"幼儿教师的爱也是指向于幼儿的长远发展的，是指向于所有幼儿的。幼儿教师与幼儿的情感互动中还具有敬畏和约束色彩的情绪。

知识拓展

美国的心理学家曾做过一个"视崖实验"，即在视觉上设置了两段有着 76cm 落差的"视觉悬崖"（"视崖"）。将 1 岁左右的婴儿放在"视崖"一边，母亲在另一边等待，母亲按照要求做出害怕和高兴的表情。当看到母亲面露害怕的表情，婴儿会拒绝向前爬；当看见母亲高兴、放松的表情，大部分婴儿会鼓起勇气爬过悬崖。婴儿这种通过非语言交流来改变行为的方式叫作"社会参照"。

这个实验说明，婴儿很小的时候就会参考成人的情绪来指导自己的行为。当处于陌生的、不能肯定的情境时，他们往往从成人那里搜寻表情信息，然后决定自己的行动。

情绪不仅让课堂活跃起来，还让课堂富有秩序，不仅能带给孩子活力，也能带给孩子规则。从上面的"视崖实验"我们发现，教师进行情绪反馈，是建立幼儿规则感的重要方式。而建立幼儿的规则感也是教师的一项重要的职责。

蒙台梭利（Maria Montessori）认为儿童对秩序是极其敏感的，这一点是成人所不能及的。儿童具有外部的和内部的双重秩序感，外部秩序感来源于儿童对自身与周围环境的关系的感知，内部秩序感是儿童对自己身体的不同部分与它们所在的相应位置的感知。因此，体验和维护内在与外在的秩序是幼儿成长的基本需要，建立与维护班级秩序也是幼儿园教育教学实践中的重要工作。

在促进幼儿社会化的过程中，教师的情绪表达是促使幼儿进行有序生活的一种外在力量。这种力量一般通过两种方式发挥作用。一种是教师通过正向情绪对幼儿的行为加以诱导与激励，将幼儿的行为引导入合乎常规的轨道中，巩固幼儿良好的行为表现。例如，当幼儿表现出讲规矩、有礼貌、爱学习等行为的时候，教师通过表达正向情绪对幼儿的行为进行肯定和强化。另一种方式是在幼儿做出干扰班级生活秩序的行为时，教师通过表达负向情绪予以制止和纠正，达成减少或避免幼儿影响班级秩序行为出现的目的。例如，当幼儿做出在课堂上喧哗、打闹等行为时，教师可以表达出生气、担忧、伤心等消极情绪，通过情绪表达减少或制止幼儿的不良行为习惯。

教师需要有很强的情绪能力，才能熟练运用情绪工具来帮助幼儿建立规则。教师不仅需要对幼儿的情绪高度敏感，能判断幼

儿的感受，能理解何种情境用什么样的情绪去影响幼儿，还需要
具有很强的情绪影响力，能够感情丰沛地影响孩子。例如，户外
活动的时候，教师需要用自己温暖和充满热情的情绪，营造热烈
的情绪氛围，吸引孩子们参与到游戏中；午睡的时候，教师需要
营造出温柔安静和富有规则的氛围，让孩子们逐渐进入到放松和
休息的状态。

第八章

用情绪优化人际关系

怎样让一滴水永不干涸，最好的方法，就是让它融入大海。我们就是人际海洋中的一滴水，要在社会中生存，就需要与他人合作、共处、交流。在这一章内容中，我们将讨论如何根据情绪的法则来优化人际关系，包括我们与幼儿及家长的关系，和同事及领导的关系，以及和自己家人、朋友的关系。情绪能够帮助我们拓展、维护、升华我们的人际关系，帮助我们获得更坚固的社会支持，帮助我们成为一名不会"干涸"的教师。

情绪是人际关系的晴雨表，它能够灵敏地反应人际关系中的各种问题；情绪是人际关系的催化剂，情绪上的融洽能促进人际关系的和谐，而情绪失调则往往是和谐人际关系的绊脚石。因此，情绪也给了我们一个契机，从情绪入手优化人际关系往往会获得意想不到的效果。下面，我们将首先分析教师人际关系的特点，梳理教师的三元人际关系，然后我们将探讨如何使用情绪的力量来优化这三种不同的人际关系。

1. 解读幼儿教师的三元人际关系

包括幼儿教师在内，任何一个处于职业中的个体，都拥有三元人际关系。第一元人际关系是我们和工作对象形成的人际关系；第二元人际关系是我们和工作中的伙伴（例如我们的同事或者其他工作中需要协作的人）形成的人际关系；第三元人际关系是我们与亲人和朋友的关系，是我们大后方的人际关系。这三元人际关系不是彼此孤立的，而是互相联系、相互影响的。三元人际关系的丰盈、平衡，是幼师幸福生活的重要基础。

案例

　　张老师是中班的主班老师，她所带的班是全园最调皮的班。一天，调皮的东东把张老师刚做的背景墙绘画作品弄坏了，那是张老师做了好几天的、最喜欢的一幅作品。张老师很是心疼。但是第二天园里又要检查，张老师不得不在放学后留下来重新做一幅作品。配班的两位同事有事先走了。张老师孤军奋战，完成绘画墙的布置后回到家已经很晚了。张老师一肚子怨气，开门看到儿子把玩具摆了一地，顿时怒火中烧，转头就对正在看电视的丈夫大声喊道："你看不见吗？为什么不管管孩子！"

　　幼儿教师拥有多重角色，幼儿教师的三元人际关系是：幼儿教师工作的对象，即家长和孩子；工作伙伴，也就是我们朝夕相处的同事；幼儿教师的亲朋好友，幼师在家庭中也是孩子的父母、父母的孩子以及配偶的另一半，家庭中的人际关系同样深刻地影响着幼儿教师的情绪和情感。要处理好这三种关系，就要求我们深刻了解每种人际关系的特点。

情绪在每一种关系中都发挥着重要的作用，我们对他人的期待和要求，以及对他人情绪的反应，都会受到情绪的驱使，也会反映为各种各样的情绪。良好的情绪能力对于我们每个人处理三元人际关系具有关键影响，善于使用情绪工具不仅能让我们拥有更好的状态，还能够让我们富有魅力和感染力。而如果不用好情绪的力量，我们则会被情绪所驱使，让情绪入侵和破坏我们的人际关系，让人际关系失去平衡或者给人际关系留下伤痕。

情绪是人际关系的"晴雨表"，也是处理人际关系的"钥匙"。你如果懂得在不同情境中使用不同的情绪，情绪不越界，情绪不错位，那么你就能掌控自己的人际关系。情绪不错位，指的是我们能够站稳教师的立场，端正自己的情绪，这样我们的情绪将不会被其他的因素所左右，我们就可以坚守自己的教育良心和教育准则。情绪的不越界，指的是我们能够理解与不同对象相处有不同的权限和规则，不迁怒，不替代，不将生活中的情绪带到工作中，也不让工作中的情绪随意影响家庭。

下面，我们将分别阐述针对三种不同类型的人际关系，如何用好情绪法则。

2.情绪如何优化教师的第一元人际关系

很多教师在和儿童相处时能够很放松和自然，但是和家长沟通时却感到紧张。不同家长的育儿观念千差万别，对同一事件，家长们往往有不同反应，会提出不同要求，这常常让教师感受到莫大的压力。所以，在家园互动和家长工作中，很多教师都感到紧张、压抑甚至焦虑。其实，我们的紧张情绪来自我们对于家长的片面认知。如果我们能够了解家长最根本的心理，把握我们与家长关系的实质，就能更好地理解和接纳家长，并更好地胜任家园共育的工作。这一节，让我们一起换一个视角看家长，就从下面的三个问题开始。

用职业良心构建情绪底线

案例

今年九月，魏老师迎来了一个新的班级，班上有一个孩子叫哈利。他来的第一天就引起了魏老师的注意：这个孩子的语言和行为，似乎都有点儿奇怪。例如这个孩子的语言能力滞后，不爱与人交往，说话的时候也不看人的眼睛，还伴有很多刻板行为。魏老师以前也曾遇到过这样的学生，当时那个学生最终被确诊为孤独症。为了稳妥起见，魏老师又查阅了书籍，咨询了在培训班中结识的一位专家。之后，她非常谨慎地给哈利的家长打了一个电话，将孩子入园以来的情况客观地向家长做了反映，并提醒家长可以去医院给孩子做一个检查。当时，家长没说什么，但第二天，家长就闹到幼儿园来了，直接投诉了魏老师，说魏老师不仅诬蔑孩子有精神类的疾病，还在平时打压和排挤孩子。魏老师当时真是百感交集，又是愤怒，又是委屈。还好园长对魏老师和魏老师班级的情况都比较了解，帮助平息了这次风波。

可是，这件事之后，魏老师心里产生了阴影，一直闷闷不乐。她心里的坎还没有过去，总是堵得慌，但是她又不能表现出来，只能竭力隐藏自己的情绪。一天，在给孩子们讲故事的时候，哈利又像往常一样离开座位，跑到教室后面，把一大箱积木撒出来。魏老师看到后直觉地想回避，请副班老师去进行管理。在吃饭和室外活动等各个环节，魏老师也都有意在分组的时候将自己和哈利分在不同的组，减少自己和哈利的直接接触。

可是有一天，不知道是什么原因，可能是一个孩子发出了一些摩擦桌子的声音，哈利听了特别害怕，捂着耳朵大叫起来（有些孩子会对一些声音特别敏感）。魏老师这时候下意识地就跑了过去，抱住了哈利，安慰他说："没关系，老师在这里。"哈利也紧紧抱着魏老师。

就是在这个时候，魏老师似乎摆脱了这段时间自己的情绪压力。是的，教师也是人，也有喜怒哀乐，也会委屈和心酸，也渴望被理解，也会心有余悸和心怀不忿。但是当我们回归到教师角色的时候，我们就会义无反顾地坚守教师的本分，放下所有个人情绪，以儿童的情绪为中心，去呵护和照顾孩子们。爱和温暖是教师最重要的资源。不论遇到什么情况，甚至可能会被误解，但教师的身份让我们内心能够根据教师的原则，去做对的那件事情，去规范我们的情绪。

职场人际关系的第一类关系是指向"对象"的关系。幼儿教育是"双对象"的职业，要同时面对幼儿和家长，幼儿教师们常常幽默地称之为"小宝贝"和"大宝贝"。有时候，和小宝贝们的关系容易处理，而和大宝贝们的沟通则非常有难度、有挑战。教师需要记住的是，处理第一元人际关系要遵守的底线原则是职业性。教师的行为一定要恪守职业边界，遵守职业良心。正如上面的例子，家长的言行的确不妥，但是教师不能纠缠在这些问题中。不论家长对我们是赞许或是误解，对教育工作是配合还是干扰，我们在面对孩子的时候唯一遵从的原则就是良心原则和底线原则。如果我们能有效运用这个原则，我们面对自己内心复杂的情绪时也将不再纠结，而是能像上述案例中的魏老师一样，以最单纯的方式，以孩子为导向，开展教育活动。要做到这一点，不仅要求幼儿教师的情绪回归本心，以赤诚真挚、公平博大、无私公正的师心对待幼儿，还要求教师在内心建立起防火墙，师幼互动的时候只思考师幼互动，而不受到家长的影响；教师不能也不应因受到其他领域情感的消极影响而改变自己的本心。情感不越界，不掺杂，方能保护我们这一份对孩子的初心。

把准对象特点，有效情绪沟通

案例

今天，张老师在家长群中分享了孩子们生活游戏的照片。一张照片中，明明用手捂住莎莎的眼睛，两个孩子笑得特别甜。没想到，这份小美好却让莎莎的爸爸很心塞。他立刻打电话给老师，要求老师不要让莎莎和男孩一起玩，不要让小男孩的"咸猪手"碰到自己的女儿……当时接电话的配班老师胡老师一下子都不知道怎么回应。她把这件事转达张老师时，特别不能理解地说："莎莎爸爸还是医生呢，怎么这么封建愚昧？"

张老师说："别这么说，我先和莎莎爸爸沟通一下吧。"

下午，家长接孩子的时候，张老师请莎莎爸爸先留下来。在沟通中，莎莎爸爸自己也说，明明知道小孩子之间的行为只是单纯的友谊，可自己就是忍不住担心，尤其担心孩子长大之后不知道如何保护自己。莎莎爸爸还说："真不是我一个人的担忧，女孩的家长都有这个焦虑。这个社会，女孩的成长总是让父母更操心。我们也不知道怎么保护好我们的女孩……"

针对这个情况，张老师所在的年级设计了一个"男孩和女孩"的主题教育活动，同时也通过家长课堂，让家长了解幼儿园是如何帮助孩子们形成性别意识的。

家长是感性的还是理性的？这个问题很有趣。理清楚这一点，我们就能从容地和家长进行情绪沟通。家长在工作和社交的场合或许是理性的、冷静的，不过一旦采择家长这个角色，其最突出的特征就是感性，其理性也是建立在感性的基础之上的理性。不论这个家长个性如何，教育背景和经济状况如何，作为孩子的家长，他们的认知和行为都是建立在情感的基础之上的。孩子的一举一动、一颦一笑都牵动着家长的心。当他们看见孩子伤心难受，往往比孩子还伤心，恨不能替孩子承受痛苦；当他们看见孩子受了委屈，常常也无法控制自己的愤怒；而当他们看见孩子因有了进步而幸福快乐的时候，他们心中最柔软的地方就被触动了……

面对感性的家长，纯粹的感性和理性都无助于沟通。如果使用纯理性的方式，用讲道理的方式和家长进行沟通，效果必然不好。可如果教师也跟着感性，甚至比家长还感性，那我们就会迷失在家长的情绪中，找不到教育者应有的坐标。所以，恰当的方式是建立在感性基础之上的理性，以情感为基础，以理性为导向，才能与家长形成有效的互动，共建默契和高效的家园合作，共同促进孩子的成长。

建立基于感性的理性，关键是"接纳"和"共情"。共情意味着接纳，我们首先需要接纳家长的情绪。很多老师很害怕家长有情绪，认为家长一旦有情绪就是在"找事"，因此对家长的情绪有一种直觉的否认和排斥。但如果我们认识到家长感性的特征，就能更好地理解和接纳家长的情绪。在大部分情况下，家长的情绪并非发自敌意，而是家长对孩子的关注和担忧所导致的焦虑性的反应。如果拒绝和排斥家长的情绪，教师只会和家长越走越远，甚至形成对立。而只有当我们真正地接纳了家长的情绪，才能走进家长的内心，将自己的力量和家长的力量有效整合起来，形成教育合力，从而有效地解决问题。

家长的情绪是障碍还是资源

有的幼儿教师对于家长参与到幼儿园的活动中感到紧张甚至抗拒，对于家长的情绪感到担忧甚至害怕。那么我们现在需要思考一下，家长的情绪到底是幼儿园教学和管理的障碍还是资源？我们之前说过，情绪本身不是问题，但是我们对待情绪的应对方式有所变化，也会让情绪产生的作用发生变化。家长的情绪到底是资源还是障碍，取决于教师如何对待和使用家长的情绪。

一些幼儿教师说家长是情绪化的，或者认为家长的情绪是工作"障碍"，其实真实的情况是，我们自己先预设了对家长参与教育的情绪——羞愧与傲慢。这两种情绪得不到纾解，我们自然会觉得家长是情绪化的，家长的情绪给我们带来了障碍。

一方面，很多幼儿教师将自己的位置放得很低，常常以一种低姿态和家长沟通，内心被"羞愧感"和"惧怕感"占领。因此，这些教师很害怕家长的情绪，担心家长对自己不满意。在家长和教师的情绪交流中，教师完全失去了主动权，更何谈引导家长的情绪。幼儿教师的羞愧和惧怕心态有两个来源：一是我们错误理解了家长和教师的关系，二是自己的能力不足以胜任平等的家园关系。首先，教师自身的角色认知决定了教师在家园关系中的位置和相应的态度。有些幼儿教师把家园关系看成了服务人员和客户的关系，这样就不可避免地产生取悦家长、害怕家长的心态。我们害怕家长其实是我们对自身认知不清晰导致的。教育不是生意，教育是家长和教师的合作育人，我们有着相同的目标，也应当有一致的行动，此时我们的情感空间应当充满使命感和价值感等相关情绪。这些情绪能够帮助我们克服沟通中的"惭愧""害羞"等感受，找回作为教师应有的情绪站位。其次，我们之所以会感到紧张和担忧，很多时候是因为我们不自信，我们对孩子不够了解，对于家庭教育的奥秘我们理解得不深刻，所以面对家长难免底气不足。如果我们能看清自己情绪的来源，就能够将这份压力转化为我们专业成长的动力，而如果看不到这一点，采取逃避家长情绪的方式来处理问题，反而会使得家长对我们的工作不了解、不信任。羞愧、惧怕的情绪是在提醒我们，应当做好基本功课，提高工作水平，任何有可能让自己觉得"心虚"的内容都应当下功夫做得更实更稳。

另一方面，有些幼儿教师走到了另一极端，其"傲慢"甚至"轻蔑"的情绪中，体现了一种居高临下地看待家长的姿态，将孩子发展不尽如人意的地方全部看成家长的问题，常常以指责的方式对待家长。这样的状态下，教师无法与家长形成健康的情绪联通模式。教师是家长在育儿过程中遇到的专业人士，是孩子的老师，绝大部分家长事实上对教师是信任的、期待的甚至倚赖的。我们有义务去指导和服务家长开展家庭教育。只要我们站在孩子发展的视角，全面地分析孩子的优势和不足，找出促进孩子发展的方法，那么爱孩子的家长也愿意为孩子的成长而计长远。我们和家长一起努力的目标指向孩子未来的成长，家长是能够感受到的。

教师如何处理好和家长的关系，答案就是"感性基础上的理性，理性之道下的感性"。具体地说，有三个秘诀：

一是高位包容。不因家长一颦一笑而情绪化，更不能陷入"你是我非""我是你非"的情绪泥潭中。保持价值理性，要以"职业""专业"的视角看待问题，看到家长情绪背后的诉求，看到孩子发展的需要。积极共情接纳，理解家长的感性特点，先接受家长的情绪，再去解决问题。

二是主动引领。家长虽然是与我们并肩合作的伙伴，但教师应当引领家长，而不是被家长的情绪牵着鼻子走。作为教师，我们处于教育链条的上游，我们是专业的，教师应当有这个专业自信，告诉家长，什么是值得反思的，什么是不必焦虑的。教师具有引领家长情绪的诸多优势，关键看我们能不能用好这些优势。我们可以如上述案例中的张老师那样和家长坦诚沟通，也可以通过家园活动、推荐教育图书和绘本等方式实现沟通，还可以通过家长相互影响、孩子影响家长等方式实现有效沟通。

三是充分利用。家长的情绪是幼儿园工作的宝贵资源。例如，家长担忧孩子的安全，我们就可以让家长参与到校园的安全检查和维护中来，帮助幼儿园查缺补漏。家长担忧幼儿园的课程质量，我们不仅可以让家长在开放日参与到课程中来，还可以发动家长各尽所能，形成幼儿园特色的"家长课堂"。情绪是行动的推动力之一，假如我们能接纳家长的情绪，并能够用好家长的情绪，让家长参与到幼儿园中来，那么不仅能帮助幼儿园整合资源，很多幼儿园发展的关键和瓶颈问题，也能在家长的参与下豁然开朗，迎刃而解。

从这个意义上说，家长的情绪从来不是我们的敌人。我们甚至可以主动用好家长的情绪，充分发挥家长情绪的作用，鼓励家长介入和参与幼儿园的教育和管理之中，这一定能给幼儿园的发展带来动力和活力。

3. 同事关系的情绪妙方

同事关系也是我们人际关系中非常硬核的一个部分，其重要性不言而喻，但搞定和搞好同事关系非常不容易。我们首先来辨析一下同事关系的本质。同事，顾名思义，即有着共同的事业、做着共同的事情的伙伴。其中包含了两层关系：一层是合作，我们一个人无法达到目的，完成所有工作，我们需要和同事们一起去完成；另一层关系则是竞争，在一个单位中资源和机会总是有限的，我们不可避免会遇到冲突。如何通过情绪的调整来优化我们和同事的关系呢？让我们将之前章节中的情绪技巧应用到我们的人际关系中。

同事关系中的"社会比较情绪"

案例

　　乔乔老师从一所很不错的大学的学前教育专业毕业后来到了幼儿园工作。她本以为自己一定可以脱颖而出，快速获得发展的优势。但是事实似乎并不是这样，在适应幼儿园工作的日子里，她觉得自己做什么都不够好。主班老师总是不断地纠正和提醒她，对她工作的各个细节都不满意。在实际带班的工作中，她在学校所学习和研究的内容似乎没有什么用武之地。相反，和一些学历不高的老师相比，她的保育经验和艺术教学方面显得过于稚嫩。最初，乔乔对于班级管理和幼儿的发展也常常提一些自己的看法和建议，但是主班老师常常觉得这些建议不太切合实际，没有采用。

　　慢慢地，乔乔老师都有点儿怀疑自己了，或许自己真的只有一些空洞的想法，实际能力不足，难当大任吧。现在，她在工作中常常觉得无所适从，自己也拿不准可以做什么，常常是领导让自己做什么就做什么，同事让自己怎么做就怎么做。即使看见别的老师工作中出了问题，她也不敢指出来。在教研会上，明明自己心中有很多想法，可她就是不敢张嘴，有时候被叫到名字，还会忽然语无伦次起来。

有一天，乔乔老师听见有人议论："科班出身的也没看出来有什么优势啊。"这句话深深地刺痛了乔乔。从此之后，乔乔的话更少了，能不说话的时候尽量不说话。同伴们一起聚餐的时候，大家都点自己爱吃的菜，她却尽量不点菜，因为她对自己的选择没有信心，害怕自己点的菜别人不喜欢，更害怕自己点了喜欢的菜，会惹得其他人不高兴。今年的"六一"联欢会上，乔乔又成了一个小透明，忙完了一些零碎的事情之后，她坐在角落里，看见台上的同事穿着荷花仙女的舞蹈服翩翩起舞，她心里觉得特别难受。

同事之间的关系既复杂也简单。复杂指的是，人际关系有多层次、多元的特点，无法按照单一的原则来处理；简单指的是，职场中的人际关系只需要优先遵守职场最基本的原则。情绪是人际关系的晴雨表，通过情绪，我们可以更好地理解职场上同事之间竞争和合作的双重关系。与同事共同取得成就，我们的内心会感受到幸福、荣耀和充实；而与同事出现意见分歧，我们可能会愤怒和郁闷；当共同目标没有实现，我们会感到悲伤。此外，职场中的人际比较也会带来多种情绪困扰，最为典型的就是自卑、嫉妒和自负了。这些情绪都来自个体对自己和他人错误的认知和偏差的判断。当一个人深陷这些人际比较的情绪时，就会和故事中的乔乔老师一样，不敢说出自己的需求，不敢指出他人的问题，遇事总是取悦他人。如何坦然而自信地面对职场中的人际关系呢？我们之前在方法篇中学到的知识和方法，此时就可以派上用场了。

自卑

自卑情绪非常普遍，人们在日常生活中或多或少都体验过自卑感。自卑带给人极度痛苦的感受，在一些极端的情况下，甚至带给人毁灭性的打击。人们为什么会自卑？自卑是一个人通过不合理的方式，与他人进行不理智的比较而产生的自我否定、自惭形秽的心理体验。自卑的人不能正确认识自身的潜能，常常抹杀自己已有的特点。自卑的人的口头禅就是："我不行，我真的不行，我就是这样了。"这种自卑情结往往根植于潜意识：一个人童年的经历，尤其是原生家庭中，他人对自己的评价和反馈，常常会成为自卑的根源。

嫉妒

《楚辞·离骚》里说："羌内恕己以量人兮，各兴心而嫉妒。"嫉妒是由于一个人想拥有但是却未能拥有一件事物或者一种品质，因此对于拥有该事物或者品质的人产生的冷漠、贬低、排斥，甚至是敌视的心理状态。我们会对他人的外表、才能、人际关系甚至好运气感到嫉妒。嫉妒总是能快速地让我们身边的一切改变色调。因为嫉妒，我们感到不满和痛苦，我们的自由受到了束缚，我们变得怨恨，甚至会做一些平时不会做的事情。一些研究人员发现，嫉妒甚至会导致抑郁。嫉妒是我们的内心和灵魂之间永恒的斗争。

自负

自负的人常常有一些极端的表现。他们常常喜欢炫耀自己，无限夸大自己拥有的东西，以期得到他人的肯定；他们喜欢比较，习惯性地反对他人，觉得自己的才是最好的；他们总是对他人进行语言攻击，贬低他人，以此体现自己更聪明、更优秀。

自负感是自卑感的反向补偿心理。一个人往往不是太过自信才表现为自负，相反，自负常源于强烈的自卑感。因为自负者比一般人需要更多的价值感和他人的肯定，如果无法通过自身的合理建设来摆脱自卑感，那么最便捷的途径就是通过贬低别人来抬高自己，或者在虚幻的自我印象中塑造一个超级了不起的自己，从而维护自己脆弱的自尊心。

虽然从表面上看，自卑、嫉妒和自负这三种情绪的表现截然不同，甚至恰恰相反，但这三种情绪却有着相同的根源——内心弱小的自我承受着人际比较的巨大压力，渴望崭露头角却缺乏力量。三种情绪中，自卑处于根源位置。当我们去聆听情绪的声音，了解情绪背后的诉求，我们就能够看到那个不甘心的自己——多希望自己也能拥有别人那样的幸福和幸运，多希望那个站在舞台上接受大家的赞美、认同、艳羡的人就是自己……

而这些情绪尽管并不是那么阳光、可爱，但它们并非一无是处，甚至蕴藏着让我们变得更好的力量。这些情绪都源于人际的比较，并且以一种深刻的体验提醒着我们，自我和他人、现实和理想之间的差距有多大。同时，这些情绪不允许人们听天由命和自我放弃，它们不断发出让我们难受的信号，刺激我们去解决问题，减小自我和他人之间的差距，为自己争取出头的机会。甚至，这些情绪还能够放大你内心的渴望，催促着你采取行动，加快步伐，不要躺平，让自己也能拥有闪耀的舞台、幸运的机会。你看，它们难道不是我们的保护神吗？但它们发挥作用的前提是你真的能读懂你的情绪。

读懂情绪之后，我们就该采取行动了。我们需要缓和和抚慰自己的情绪，再借助情绪的力量来实施目标指向的行为。我们可以通过觉察、理解、接纳和调节自己的情绪获得情绪背后的信息和能量。

首先，不论是自卑、嫉妒还是自负，于人于己，都不是愉快的情绪，这些情绪很容易让我们走极端，甚至做出不恰当的行为，因此我们可以使用前面学过的技能来调节这些情绪。例如，我们可以适当使用"酸葡萄，甜柠檬"的认知调节法。就拿乔乔老师来说，她就不妨来一些"阿 Q 精神"，告诉自己："你们觉得我经验不足，但我会快速积累经验；不过你们的理论基础不如我，这可不容易追上哦。"没错，如果总是拿自己的不足与他人的优势进行比较，你当然必输无疑。总有人看起来过得比你好，但每个人都会遇到各种问题、考验、挫折。这其实不仅是"精神胜利法"，更有可能让我们发现自己的优势和潜能。因为社会比较的情绪常常会让我们陷入自责中，让我们看不到自己的优势。在乔乔老师的故事中，我们是局外人，因此我们能清楚地知道，乔乔老师真的不必如此自怨自艾，她拥有很多别人没有的优势。但乔乔老师本人却没有看到，"不识庐山真面目，只缘身在此山中"，很大程度上是因为她陷入了自己的情绪中。不如再回头看看我们自己，我们的自卑、嫉妒和自负，是否也同样源于我们对自己的不了解和不认同？别忘了时常清点一下自己那些被忽视的优势和幸福。你的才华和天赋其实一点儿也不比别人差，你其实常常被生活眷顾，拥有让人羡慕的亲情、友情和爱情……你有无数对这天赐的生活感到感恩的原因，你的生活弥足珍贵，所以完全不必活得像其他人一样。

同时，我们还要去读懂这些情绪背后的信息。人际比较情绪包含了丰富的信息，将我们对于环境的分析以情绪的方式直观地投射给了我们。我们要看到这些情绪清楚地揭示出的真相——自我和他人真的存在一定的差距。我们需要真正地面对问题，直面梦想和现实的差距，让我们成为更好的自己。正因为这些情绪带来的痛苦感和压迫感，我们才能找到奋起的动力，"惟日孜孜，无敢逸豫"。从这个意义上说，自卑、自负、嫉妒这些社会比较情绪并非一无是处，相反，他们同样具有重要的生存价值。甚至，在一定程度上，这些社会比较情绪也可以成就我们。就拿自卑情绪来说，著名心理学家阿尔弗雷德·阿德勒（Alfred Adler）有一本著作《自卑与超越》。这本书指出，自卑感是一种普遍存在的心理状态，适度的自卑感是一个人激发潜能、追求卓越的心理动机，是推动人们超越自我、完善自我和成就自我的强大动力。

推荐阅读

《自卑与超越》

　　本书是奥地利的心理学家、个体心理学创始人阿尔弗雷德·阿德勒晚年的集大成之作。阿德勒本身就是一个从自卑到超越的典范。他早年身体孱弱，患有佝偻病，因此极度自卑。

但他并未因此而沉沦，而是最终实现了自我超越，创造了个体心理学。正如他在书中所述：

　　"我们每个人都有不同程度的自卑感，因为我们都想让自己更加优秀，让自己过更好的生活；自卑感的存在并不是一件坏事，因为它激励了人不断追求卓越，克服自身的障碍，在有限的生命空间内发挥出最大的价值。"

　　这部作品融合了阿德勒的早年经历，以"自卑情结"为线索，系统地阐述了他所创立的个体心理学的思想，并论述了自卑感的形成和其对人生的影响，以及个人如何超越自卑感。这本书不仅是阿德勒学术成就的集成，也是他个人的自我反思之作。

当我们在遭遇这些人际比较的情绪时，能够读懂情绪，接纳自我，我们就可以更好地处理我们与同事之间的竞争关系。我们会非常清楚，这种情绪的确容易让我们将人与人之间的关系对立起来，所以我们要注意避免这种倾向，我们应当换一个视角看待他人——不仅仅看到自己和他人之间的竞争，更看到自己和他人共同的地方。当别人得到你想要的东西时，真诚地为他们感到高兴。他人的成功并不能证明我们的失败，不要纠结于人与人之间的竞争关系。当你学会在别人的快乐中获取快乐，那一刻你就真的已经与这些人际比较的情绪化敌为友了。同时，我们也要看到，职场人际关系是否可以维持长期的平衡和达成良性发展，都取决于自我的不断成长。因此，只有做自己最忠实的伙伴，不断认识和发展自己的核心竞争力，最终，我们才能达到自我和他人的平衡。

总之，通过对自卑、自负、嫉妒这几种人际比较的相关情绪的分析，我们更加了解情绪的价值，也获得了对世界更为达观的理解——工作的资源是有限的，但人生的含义是多元的。找到自我与他人的平衡点和共同点，我们会因此而拥有更大的世界。

如何面对他人的意见和建议

案例

今年幼儿园引进了两位研究生新老师。两位老师思想活跃，专业知识扎实，观点新，视野广，行动力强。他们的到来给幼儿园带来了新的活力。有经验的老师们都很愿意和新来的两位老师接近，并将自己的经验与他们分享。但是大家发现，给两位新老师提出意见和建议的时候，他们的反应似乎与自己的设想有些偏差。

当给小宋老师提出意见的时候，大家可以明显地感受到她的抵触情绪。例如，昨天午餐的时候，班上的多米不想吃木耳，小宋老师同意了。可是这时候班长走过来建议她，最好让孩子吃完盘子里的每一种菜，才能确保营养均衡。小宋老师马上反驳道："我觉得不是这样。我们成年人也有自己不爱吃的食物，一定要强迫孩子吃自己不喜欢的木耳也是不科学的。"当时气氛非常尴尬，班长好半天都说不出话来。这样的事情后来又发生过几次。现在，大家对和小宋老师沟通都有点儿犯怵，只能敬而远之了。

而齐老师的问题则恰恰相反。大家一提出意见，她就立刻红着脸一脸愧疚地道歉，甚至没有想一想到底错在哪儿和如何改正，就要着手改正，这就完全被别人的意见所左右了。在班级"绘画教学活动中要不要给幼儿提供示范画"的问题上，齐老师自己的想法是，绘画是培养幼儿想象力和创造力的艺术活动，不需要提供示范画，否则会限制幼儿的想象与创造，呈现出来的作品只会是千篇一律。而班长则说："根据我多年的经验，幼儿根据示范画画出来的作品好看多了。"面对班长的说法，齐老师直接放弃了自己的想法。今天的美术课，园长来听课，结果园长非常失望，说："美术教学不仅仅是学习技巧，而是通过美术发展孩子的多种心理能力啊。"齐老师感到自己真是左右为难，不知道该怎么办了。

正如上面案例中的小宋老师和齐老师，面对他人的意见和建议时，人们常常出现两种典型的情绪偏差。有些人会立刻感到愤怒和挫折，并下意识地进行反驳，站到这些意见和建议的对立面。而另一些人则会立刻退缩，甚至为自己的想法感到不安和羞愧，于是他们倾向于把意见闷在心里，或者去取悦他人的看法。这两种情绪的偏差对于工作和我们自身都是有害的，让我们来分析一下。

反驳型的情绪反应

在上面的案例中的，对待其他老师的意见，小宋老师感到不开心并拒斥，是典型的反驳型情绪反应方式。

反思一下，我们是否也会遭遇这种状态——理智上觉得别人说的有道理，也能意识到自己的想法和做法是有问题的，但就是不能坦然地去承认这一点。当别人指出自己的问题时，就会立刻进行反驳，下意识地维护自己的观点并攻击他人的观点。这种下意识的反驳背后隐藏着恐惧——恐惧自己错了会没面子，会得不到别人的认可……恐惧是一种深层的情绪，是一种心理防御的方式，会让我们下意识地先去进行否认。为了逃避这些恐惧，人们不得不去撑起一个样子来维护"我是正确的"。你的理性知道你是错的，但是深藏在你心中的恐惧还是会驱使你去坚持证明自己是对的，要承认自己的想法不对或者不全面真的挺难的。

小宋老师刚入职幼儿园，园里的一些教师非常热心地帮助她，特别是那些资深的老教师。小宋老师虽然学历更高，理念更新，思想更开放，但毕竟在教育教学实践上她还得从头开始。如果小宋老师虚心接受老教师们的帮助，会更快地进入角色，尽快适应工作。我们身边的人有着不同的特点，而大家会出于不同的目的给予我们不同的建议和提示。千万不要对他人的帮助和建议心存芥蒂和防备，不要总觉得别人是来干涉和指挥自己的，这样无异于"化友为敌"，曲解他人的善意，徒增人际的隔阂。抱着这样的心态，我们就只能故步自封、无所进步了。相反，如果我们愿意打开耳朵，张开心门，就能获得更多成长的资源。

还有一种形式的否定和防御是比较隐性的。当别人给自己提出问题的时候，他往往很快就承认"我错误了"，每次出问题的时候都不停地说"我错了"。他真的认为自己错了吗？我看未必，他很可能仅仅将"我错了"作为一种防御策略，潜台词是："我都说了我错了，你就不能把我怎么样了。"这其实同样是一种防御。

取悦型的反应方式

齐老师则走了另一个极端，迷失在了老师们的建议中，妄自菲薄，缺乏自信。她心中明明有自己的想法，还是为了显得恭敬谦虚而刻意逢迎。这是典型的取悦型的反应方式，这种反应方式的特点就是放弃自己的原则去附和和取悦他人的观点。这种情况下，一个人常常会无条件地接受自己某一件事情考虑欠佳，做得不够好的想法。但是这种接受并不是真正以解决问题为目标的，而是在努力解释，我为什么会这么做，就如案例中的齐老师，这事实上也是一种对责任的逃避。这里，我们也可以看到恐惧这种情绪的潜在影响。这是因为齐老师的内心感到害怕：害怕对方不高兴，害怕自己能力的短板被看见，害怕别人不认可自己……只是这样的解释并没有起到维护自己价值感的作用，而是越描越黑，越解释越空洞。这样的消极防御同样于事无补。

从上面的案例中，我们可以看到，面对他人的异议和分歧，不论是自我维护型还是取悦型的反应方式，不但不能促进我们的成长，反而会给我们的人际关系和心理健康带来隐患。在这两种看似截然不同的反应后面，其实我们都可以看到恐惧情绪。两种反应都是在担心自己得不到对方的承认和接纳，只是表达的方式不同而已。所以，摆正自己的定位，明晰自我和他人的关系，是我们和意见不同的同事相处最适宜的方式。

面对他人的意见和建议，合理和得体的态度是"变被动为主动"。主动是一个值得提倡的态度。被动的态度指的是，我不想改变，你们非要提出来这些问题逼着我改变，如果你带着被动的态度，那么再好的意见也听不进去。主动的态度指的是，我自己想改变，想要优化自己，我需要你们的意见和建议。带着主动的态度，我们的思想和意识会变得更加开放、包容和富有成长性。一个主动的人，不但不会抗拒反而会真诚地欢迎别人提出意见，同时也不会盲从，而是带着自己的判断和常识，去聆听和询问他人。一个主动的人，是友善的而非敌意的。我们总是会感恩和珍惜他人给我们的信息。每个人都有自己的视角，他人能看到你所看不到的另一个侧面，但他们也无法看到全部，或许你目前了解和关注的这个侧面，也恰恰是对方所不清楚的。就算我们暂时不能采纳他人的观点，也应尽最大的可能表现出友善。变被动为主动，我们面对他人的意见和建议，不仅能有更好的心情，还能拥有更好的成长。

4. 如何和领导相处

案例

小张和小李同时入职幼儿园，小张性格开朗、爱说话，除了汇报和请示工作，还经常主动和园长探讨工作设想，闲下来，偶尔还会和园长拉拉家常，说说自己生活上的烦恼。小李则恰恰相反，除了必要的工作汇报，她几乎见了园长就躲。比如：看到园长在餐厅，她就会刻意等园长出去后再进去；下班看到园长拎着包走了出去，为了避免同时出门，她也会刻意晚几分钟走。

如果你是园长，你对两位教师中的哪一位印象会更深刻？如果有晋升的机会，你更愿意把机会给谁？

虽然小张没有因为喜欢和领导沟通而得到表扬，小李没有因为不喜欢和领导沟通而受到批评，但就心理学的印象法则而言，园长对小张和小李的印象肯定有着天壤之别。两人在工作表现差不多的情况下，园长对小张更加了解，深知她是一个怎样的人，进而对她产生足够的信任；而小李在领导眼中，只是一个普普通通的老师，她没有给领导留下任何特别的印象。

小李老师的样子是不是也像极了总是躲着领导的你？不管在什么情境之下，沟通什么样的问题，只要与领导对话，就会战战兢兢，害怕说错话，害怕说不到领导心坎里去。然而，日常工作避免不了和领导沟通，我们必须要学会与领导相处。我们需要和领导充分交流，才能理解领导对工作的要求，也才能让领导更好地指导自己的工作，以确保工作不会走偏，让自己的工作效率更高、效果更好。而且，如果我们想要得到更多展示自己的机会，也需要让领导了解我们的才华和想法，否则领导如何能判断你是否堪当大任。小张之所以善于跟领导沟通和互动，不一定就是因为她有交际的天赋，懂得运用沟通的技巧，她不过是把领导当作普通人，该说工作就说工作，该闲聊就闲聊。而小李之所以见到领导就躲，并不是因为她不善言谈，而是她觉得领导高高在上，自己的地位很低，无法和领导在同一水平线上沟通。

道理人们都懂，但是有研究发现，超过 80% 的人对和领导沟通都会感到紧张和害怕。怎样才能减轻对和领导沟通的紧张感？我们首先要弄明白自己面对领导的紧张和害怕到底来自哪里；然后让我们顺着情绪的路径，来优化我们和领导的沟通过程。

要改善这种紧张，我们当然有很多方法来缓解我们不安的情绪。之前的内容中，我们已经了解如何应用表情调节法帮助我们进行表情管理，防止失态；如何应用正念冥想练习缓解紧张的心情……不过要提高和领导的沟通质量，需要更深入地解析情绪背后的内容，聆听情绪想对你说的话。你的害怕到底来自哪里？恐惧源自我们对权威的惧怕和对自己的把握之间的落差，这种落差越大，心理压力也就越大。领导的认可和支持意味着我们的能力和努力被看到并得到欣赏，也意味着我们可能拥有更多的机会。但是我们对自己身上微弱的光芒到底能否被看到完全没有把握，因此就产生了心理落差和压力。

　　有效解决问题的方式，是正视问题而不是回避问题，我们需要去面对和解决这个落差。要么改变自己对领导的认知，要么增强自己的实力。

　　首先，说说我们的心态，解决问题需要我们把心态调整好。或许你会很"阿Q"地告诉自己，待在领导看不见的角落里也挺好的，这样可以少承担一些工作和指责，自然也会减少了犯错和被批评的机会，但这样根本解决不了任何问题。过度回避会在你和领导之间构筑起一道无形的墙，让你们成为"最熟悉的陌生人"，这样必然会加剧你和领导之间的信息不对称。一旦领导不能了解你的工作进度和个人想法，你的工作和个人发展就很难得到领导的支持。所以，你不应回避，而是要正视这个问题，将自己和领导的沟通放在一个更加重要的层面上来对待。

　　其次，要改变我们对领导的认知。可能在你的心中，领导就是拥有更大权力的人，但他其实也是有血有肉的人，也有着日常和简单的一面。所以，在这个认知上，你也可以别太把领导当领导，而是仅仅把领导当作普通人，该说工作就说工作，工作之外也可以放松自如地与领导聊聊天。这样你会发现，其实你也能够和领导找到很多的共同话题。

　　最后，克服恐惧最有效的办法就是做充分的准备。很多时候，我们之所以害怕跟领导沟通，主要是自己没底，害怕在沟通工作的过程中被追问工作的细节后答不上来。如果自己对工作一知半解，工作时漏洞百出，一问三不知，我们和领导交流自然会感到每一分钟都度日如年。为了缓解这种情况带来的畏惧情绪，最简单的方法就是要学会预设问题，把可能被提出的问题进行梳理，并且提前梳理回答和报告的思路。长此以往，你会发现，领导带来的压力其实也在帮助你加快工作速度，提高工作质量。恐惧和害怕的情绪正在发挥积极的作用，帮助你蜕变成为更好的自己。

当然，我们下定了决心，还得采取行动。应对恐惧情绪非常有效的一种方法就是"系统脱敏"。这是心理治疗中的一个经典方法，它指的是当出现焦虑和恐惧刺激时，施加与焦虑和恐惧相对立的刺激，从而使人逐渐消除焦虑与恐惧，不再对此发生敏感反应。简单来说就是，你越恐惧什么，就要越去面对什么。但这种方法需要一步一步进行：第一天你可以主动跟领导打招呼，第二天你可以在教研会上汇报一下自己的想法和意见，第三天你可以在午餐时间主动和领导拉拉家常，第四天你可以主动汇报工作并提出问题……每天给自己添加一点"剂量"，时间久了，你就能从容地面对领导并与其沟通。好的开始是成功的一半，采取这种方法时，迈出第一步是关键。当你迈出了第一步，后面再持续加码和坚持，就会变得简单多了。

5. 家是讲情的地方

案例

　　姜老师在幼儿园是同事和家长公认的好教师，懂方法，有耐心，富有热忱。可是在家里，姜老师却感受到了巨大的压力。一方面，孩子虽然已经上小学了，但是还没有建立起良好的学习习惯，一写作业就特别磨蹭。每次一辅导孩子写作业，姜老师就难以控制自己的脾气。另一方面，家里的老人和自己的教育观念有分歧。每次姜老师管孩子，老人都要出来拦着、护着，还总是偷偷给孩子买零食。最让姜老师头痛的是，她的先生面对这些分歧，也总是立场不清。姜老师感慨："我可以管好一个班的淘气孩子，可是在自己的家里，小小的作业竟然成了大大的问题；在幼儿园，我可以做好不同背景、性格的家长的沟通工作，可是和自己的家人沟通，却难倒了我。"

　　姜老师的经历，或许你也曾经历过，姜老师的感受，你可能也能共情。甚至有人感慨，和家人相处，往往是所有人际关系中最难的。为什么会这样呢？这是因为家是一个独特的场域，在家庭中和职场中，情绪的产生和情绪发挥作用的规则是不一样的。如果说职场中，人际交往主要基于"理"，情绪和情感有着理性的底线和规则，那么家人之间的交往主要依据"情"。虽然家人之间也讲"理"，但"理"是建立在"情"的基础上。清官难断家务事，要厘清理顺家庭中的关系，需要"以情入手"，只有理解情感的规则，才能处理好家庭中亲密关系。家庭成员之间的关系属于亲密关系，这种人际关系中，最容易引发问题的一种情况就是情绪越界。那么，情绪越界到底是如何影响我们的生活的，我们又应该怎样避免情绪越界呢？

　　情绪越界的第一种形式是，其他领域的规则和要求越界进入了家庭，这常常会扰乱家庭情绪，造成家庭冲突。很典型的一个例子就是"角色溢出"现象。我们每个人都承担了不同的角色：

在幼儿园我们是教师；在家庭中我们是孩子的父母，也是父母的孩子，同时我们还承担着妻子或者丈夫的角色。任何一种角色突破了本身的场域而进入另一个场域，就是"角色溢出"。比如，我们将教师的角色溢出到和自己爱人的相处中，就会产生角色冲突。再比如，我们将对自己孩子的要求和期望投射到班级幼儿的身上，将我们个性化的教育理念和培养目标强加在班级幼儿的身上，这也是越界的，会带来多种人与人之间的不和谐。

在家庭内部，即使是最为亲密的关系，如果我们越界了，也会带来情绪的困扰。但亲密的关系会模糊个体之间的边界，情感也因而更容易越界，从而带来冲突和争执。我们会要求爱人一定要理解我们，支持我们做想做的事，遇到争执时对方也理所当然应该同意我们的看法；我们还会包办孩子的事情，替代孩子做出判断和选择……如果对方的行为达不到你的期待，你就会产生失望、不满、气愤的情绪。最典型的例子就是，我们常常会以"我是妈妈（爸爸）""我关心你"作为理由，而将自己的希望投射到孩子的身上，无形中形成了一种控制。因此，尊重并保持好一定的个人空间，做到情感不越界，行为不越位，是对亲密关系的重要呵护方式。我们也不妨修正对家人的预设：即便有血缘关系，他不代表对方能猜到你心中的想法，或和你有相同的看法和判断；同样，不能因为对方是自己的孩子，我们就可以不顾他的想法，去决定他的学习和生活。

案例

　　王园长是今年的区先进工作者，她的家庭也非常温馨和睦。在和王园长的沟通中，我了解了她是怎么样平衡自己的家庭和工作的。

　　她告诉我，她常常会在家庭和工作中建立一道"防火墙"，既不会把生活中的琐碎和喜怒哀乐带到工作中，也不将工作中的焦虑和烦恼带回家里。她说，回到家，我就忘了自己是园长，将工作的焦虑暂时放下，用温情和耐心陪伴爱人和孩子。自己和家人沟通的时候，也常常报喜不报忧，常常将工作中有趣的、感人的、快乐的事情和家人分享，那些会让家人担忧的事情一般都不说。王园长说："如果总是将工作中的不顺利带回家，不但对工作于事无补，反而让家人为我操心。他们不安心，我就更不能安心工作了。如果需要家人的帮助，我会主动求助的。但大部分时候，我会将我的生活和工作分开。"

关于自我和他人的
哲学思辨

人们要获得幸福，要处理好人与物的关系，要管理好时间、目标和效率，还要处理好人与人之间的关系。但身处职场的人，处理好三种不同的人际关系还不够，随着我们探索的主题层层深入，一个重要的话题浮出水面——自我。所谓人与物的关系，人与人的关系，说到底，都是人与自己的关系。

情绪的本质是我们适应社会生存的心理工具。对情绪的终极思考是自我与世界的平衡与和谐。人类的社会适应需要在自我和他人之间找到一个平衡点。情绪是体现自我—他人关系最灵敏的指针。一个心理健康的人，能在不影响他人的情况下，获得内心最大的快乐和平静，也能在不影响自己的情况下，最大程度地增强他人的幸福和快乐。所以，与情绪化敌为友的关键是悦纳自我并悦纳他人。

自我和他人的平衡说起来容易，要做到何其困难。让自我和他人实现平衡的最重要的方法就是让自己的心灵更加强大。在此，"强""大"这两个字有专门的意思："强"，意味着我们内心忠于自我、执着坚定；"大"，则意味着我们悦纳他人、友善宽容。贯穿人一生的社会化的过程，就是在不断发展"强"与"大"的自我。作为幼儿教师，我们正在进行着双重的悦纳。我们不仅通过悦纳自我和他人，让我们自身变得更加强大，我们还要教会孩子们，促进他人的自我悦纳与他人悦纳，帮助儿童形成和发展强大的自我。

悦纳自我和悦纳他人之间是相互牵制的，但又是相辅相成的。师生关系也是自我和他人关系的一种。一位优秀的教师，必然是在追求卓越的过程中，成就学生也成就自我——在成就学生的过程中发现和发展自我，在成就自我的过程中促成学生的成长。高情商的老师，能够将悦纳自我和悦纳他人构筑成为一个良性的循环。一方面，一个自我悦纳的人才能真正做到善意和宽容，从而能够更好地处理人际关系。无法自我接纳的人，也很难接纳他人，他们常常对自己吹毛求疵，也常常揪着别人身上与自己一样的"问题"不放，比如一个不耐烦的人也经常会批评他人没有耐心。另一方面，与他人的联通也会让我们的内心更强大，因为强大的自我需要人际关系的滋养，有了亲人、朋友和同事们的支持，自我成长的信念才能更加坚韧、笃定。

前文从情绪的理论讲到了认识和调节情绪的方法，再到我们在生活场景中如何运用情绪工具，我们学到了诸多策略，但这些策略终究是"术"，最终，我们需要借助这些"术"，找到我们的"道"，也就是找到内心强大的自己。自我的"强"与"大"，才是我们获得情绪力量的真正目的，并且是一切问题的答案。

·
·
·

第九章

·
·
·

悦纳自我

　　有一句话，"知足而上进，温柔而坚定。"这或许是描述自我悦纳最恰当的话语。情绪世界中的从容、自由和力量感，首先来自我们对自己的温暖、善意和悦纳。自我悦纳是一种与自己和谐相处的美好境界，只有自我悦纳的人才能真正获得喜怒哀乐等情绪的力量。而自我否定则会带来自我损耗，一个自我损耗的人会深陷情绪旋涡，无法控制情绪，更遑论使用情绪的力量。一个自我悦纳的人才能真正做到对他人有善意、能宽容，而悦纳他人的前提是对自己的情绪负起责任来。因此，我们需要将注意力放到自己的内在，向内探索，而非寻找外在的借口。我们不必盲目羡慕那些自我悦纳的人，因为自我悦纳不是生来就会的，我们可以通过后天的学习和反复练习来提升我们的自我悦纳水平。

1. 停止自我损耗

自我损耗是什么？

　　自我接纳的第一步就是停止一切自我损耗。自我损耗是什么？自我损耗是否发生在你的身上？让我们来看一看下面的案例。

案例

　　周老师总觉得自己不被信任，觉得园长对自己说话带着讽刺的意味，觉得家长的眼神和说话的语气都特别不友好。这些想法纠缠着周老师，让周老师觉得心里总是堵堵的，甚至晚上都出现了失眠的状态。躺在床上，周老师一直在想，自己的哪些行为让园长不满意了，让家长不高兴了，一些琐碎的细节不断在脑海中涌现，似乎每个细节都在证明别人对自己的敌意。周老师越想越感到绝望和失落。

　　第二天，周老师顶着熊猫眼憔悴地去上班。正好遇到了点点的妈妈。周老师内心正在挣扎如何开口打招呼的时候，点点妈妈热情地说："周老师，您是不是没睡好啊，眼睛红红的。昨天我们家点点还说呢，周老师特别辛苦、特别认真，你可一定要注意身体啊！"下班从园长办公室门口路过的时候，周老师听见园长在打电话，原来最近园里要参与督评了，园长的压力也非常大，园长的声音似乎都沙哑了。

　　不知不觉中，堵在周老师胸口的石头似乎一下子就消失了。其实昨天一整天的烦恼，都是她自己胡思乱想，园长和孩子家长对自己根本就没有那种所谓的敌意。

　　看，周老师这一晚上的抑郁和难眠都是一种自我损耗。我们无端地怀疑他人也怀疑自己，在人与人之间筑起一道墙。如果我们当时换一种思路，相信别人也相信自己，或者主动交流和沟通一下，或许就不会产生这一整天的郁闷和抑郁情绪了。显然，周老师一开始并没有接受自己，集中地体现在她"自我损耗"的情绪状态上。在自我损耗的时候，我们会产生很多复杂、纠结的情绪。下面这些情绪都和自我损耗关系密切。

担忧　一件事情，本来兴冲冲地想去做，但是一不小心预想了各种结果，然后内心就开始胡思乱想：害怕失败，害怕被人嘲笑，害怕自己能力不行，等等。反复盘算该先从哪件事开始，最后拖拖拉拉什么都没做。

羞耻　一开口就脸红，总觉得别人会嘲笑自己，总有无法摆脱的羞耻感。日常生活中，对很多事情都觉得"不好意思"，例如：不好意思麻烦别人，不好意思向别人发出请求，事情做得不好会不好意思，事情做错了会不好意思……本质上这是他们内心对自己不信任、不接纳。

自责　一件事情发展得不顺利，常常会觉得都是自己的问题。总将与自己无关的问题也强加到自己的身上。例如，跟别人说了一句话，别人早就忘记了或者没在意，但自己却在一直在纠结、苦恼，这句话是不是会让人不高兴，是不是不该说？

疲倦　感觉自己明明啥都没做，却发自内心感到劳累。就像是一台手机，没有人去使用它，只是放置在那里，电量也会随着时间慢慢减少，直至电量耗尽关机。

如果你常常体会到这样的情绪和感受，说明你正在内耗。高内耗的人，总是过分关注他人的评价，总担心自己说错话、做错事。经常陷入"跟自己过不去"的旋涡里，在"面对问题—尝试失败—攻击自己"的闭环链里循环，从而产生巨大的精神内耗。

伏尔泰说："使人疲惫的不是远方的高山，而是鞋里的一粒沙子。"这种自编、自导、自演的胡思乱想，就像是一场没有硝烟的内心战争，无声无息地消耗着自己的能量。脑海里就好像有两个人在干架，一个说往西，一个说朝东，最终结果就是原地不动、停滞不前。真正困住我们的，可能不是所在的困境，而是我们的思维内耗。内耗就像是一个看不见的黑洞，不管外表多么光鲜亮丽，它都在无时无刻腐蚀着我们的内心，抽取着灵魂中的正念与能量，让我们时时刻刻处于痛苦当中。假如内耗这样长期地持续下去，会让我们变得自卑、意志消沉、脾气暴躁，对外人的意见愈发在乎，对亲人朋友愈加冷漠麻木。

立刻停止内耗

如果你觉察到了自己的不快乐和内耗有关，那其实也是值得庆贺的，毕竟只有我们觉察和意识到了这一点，才有可能帮助自己走出内耗。

先让我们探究情绪内耗的原因，再寻求解决问题的方法。前面的内容中我们了解了情绪的 ABC 理论，所有情绪的背后，都有一个隐藏的信念。改变情绪最有效、最根本的方式就是找出这个信念并改写这个信念。找出了这个有偏差的思维模式，我们就找到了走出情绪内耗的钥匙。情绪的内耗，主要是认知和思维方式出现了下面的偏差。

内耗首先源自"理想我"和"现实我"之间的差距。我们身体里有两个"我"：一个是我们所期待的完美的"我"，一个是现实的、面对重重困难想要竭尽全力又无能为力的"我"。我们总想快一点，让这两个"我"达成一致，可越是这样，越是无法实现目标。如果你能接纳现在这个不够完美的我，就可以身心合一，一同去追求那个理想的我；而如果你自己都无法接受和喜欢自己，就会陷入了迷茫与困顿。我们在奋力奔跑追求目标的过程中，常常会发现自身能力水平不足以支撑起野心，自我管理不足以按时完成任务，我们因此将自己的缺点和不足无限放大，开始怀疑自己、怨恨自己，甚至嫌恶自己。那些不确定的担心，那些过度的焦虑，其实多半源自自己底气不足，自信不够。

内耗的另一个重要原因，就是想要让自己活成别人喜欢的模样。面对领导，希望自己成为领导信得过、看得起的"红人"，我们要求自己不仅要将分内的工作做得无可挑剔、业绩突出，更要懂得察言观色，说领导想说的话，做领导想做的事。面对同事，我们希望自己能够得到大家的认可和尊敬，希望能够满足他人对自己的所有要求。面对家人，我们希望自己能够成为一个好妻子（好丈夫）和好家长……所以，我们常常不得不戴上"面具"，随着"剧情需要，随时切换身份角色。一旦自己没能"入戏"，出现纰漏，不等他人指出，我们便开始了严重的自我内耗，常常为说错一句话，用错一个词而耿耿于怀，越想越觉得事情严重得不可收拾。

2. 自我实现的三个层次

自我悦纳，就是一个人能全面和正确地面对自己，欣然接受自己的一切特征。自我悦纳指我们不仅能够悦纳自己身体、能力、性格等各方面积极的价值，也能接受自己的缺点和失误。悦纳自我不是心灵鸡汤似的表面说辞，而是我们在社会中生存的基础。一个人如果无法悦纳自己，内心必然孤独且弱小，一旦遇到风雨挫折，就会不堪重压，深陷恐惧和彷徨。表现为：要么咄咄逼人，盲目防御，要么放弃自我的立场和感受去取悦他人，博得他人的接纳。当黑夜袭来的时候，连影子都可能离开自己，唯一能对自我不离不弃的就只有自己，自己是自己最后的安全感。一个人只有坚定地爱自己，认同自己的价值，方能走过人生的至暗时刻。

人的心理包含了认知、情感和意志，自我悦纳也有三个层次：认识自己，喜欢自己，成就自己。

认识和认同自己

几千年前，古希腊奥林匹斯山上的德尔斐神庙里有一块石碑，上面写着"认识你自己"。人类情绪智慧的根源就包含在这句话中。自我悦纳是建立在对自己客观认知的基础之上的，认识和认同自己，是自我悦纳的认知层面。一个人客观而全面地认识自己，指的是知道自己的优、缺点，了解自己的外表、种族、能力、特点，我们能够接受这就是真实的自己。正确认识自我，不仅意味着我们不会脱离现实地夸大自己的优势，拒绝承认自己的不足，更意味着我们能够看到自己的优势以及与众不同的地方。

稳定而健康的情绪状态，来源于对自我清醒的、深刻的认知。那些能恰如其分地认识和评价自己的人，往往会更好地感知自我存在的价值。只有对自己有着清晰的认知并能够认同自己的现状，我们才能在负面评判面前保护自己：面对他人对自己的负面评价，能够客观地吸收且不因此陷入情绪的低谷；既坦然承认自己的缺点和不足，又不会因此苛责自己。

接纳和热爱自己

案例

　　在今年的全省幼儿教师教学创意大赛中，夺得桂冠的是一位来自大山深处的罗老师。罗老师所在的幼儿园是一所乡镇幼儿园，园所的软件和硬件都无法和其他参赛的幼儿园相比，罗老师自己本身也并没有出彩的学历和经验，而且罗老师普通话不好，使用多媒体设备也非常不熟练，这些都给她带来了很多的困难。但是，在罗老师的眼中，虽然眼下有很多的困难，但自己也有很多优势——乡镇幼儿园的自然资源给了罗老师无尽的灵感和取之不尽、用之不竭的"材料"，更为幼儿提供了探索发现、解放天性的"自然游乐场"。

　　罗老师充分利用幼儿园的环境，将幼儿园旁边的小溪、树木、田地等都作为幼儿学习的活教材。罗老师的自然课程中，每一名幼儿都有亲自种植的权利。她给每一位幼儿发放一棵葫芦苗，幼儿不仅需要给"葫芦娃"浇水、施肥、除草……还在老师的指导下分析并解决很多问题——葫芦叶子黄了、葫芦爬藤慢、葫芦形状长得不好，等等。孩子们还一起观察葫芦的形态，并围绕葫芦进行丰富多彩的艺术活动。

　　罗老师是一位自我悦纳的人。她不是不知道自己的弱点——理论知识单薄，普通话不好，园所地处偏远……但是这并不妨碍她看到自己的优势，也不影响她相信自己，喜欢自己的幼儿园以及热爱幼儿教育事业。她看到了在各种不利条件中，自己也具有优势。这种自我认知，就是自我悦纳的情感层面。

　　要理解什么是对自我的接纳和热爱，我们还可以看一些反面的例子。我曾碰到一个女孩，她接受不了自己的单眼皮，总是要贴成双眼皮之后才敢出门，单眼皮让她觉得非常难受；我认识一个外国的姑娘，她对自己的非洲血统耿耿于怀，将自己人生的种种不如意都归因于自己的肤色和种族；还有一个姑娘不接受自己的原生家庭，从不对别人说自己家庭的真实情况；还有一个我认识的老师，因为一个疏忽导致自己的某次公开课上砸了，一年了都没有走出来，总觉得自己是一个失败的人……上面的这些故事，尽管让人耿耿于怀的内容不一样，但是故事主人公共同的特征就是对自己的某个特点无法接受，内心无法和自己和解。

　　接纳和爱自己，意味着无条件地接受自己，不管自己有什么样的外表，身处什么样的境遇，有过什么样的过往，都敞开心扉接受这个独一无二的自己，珍惜自己的价值，看重自己。这样，我们才能对生命充满热爱和对自我给予肯定。这样的自我悦纳能够让一个人拥有高满意度和高满足感，并能有效缓解心理冲突。

提升自我，成就自我

接受自己绝不是"摆烂""躺平"的同义词，接受自己绝不是没有追求和不求改变的幌子，对自己好更不是骄纵甚至放纵自己。真正悦纳自己的人，总是不断追求自己的价值，努力提升自己并成就自己。

案例

美美老师为了图省事，常常点快餐，奶茶和甜品不离嘴，深夜刷剧也是美美老师的习惯之一。工作上，美美老师也基本没什么追求，工作能躲就躲，下班能跑就跑。这些年的各种竞赛和考试，她基本不参加。美美老师最常挂在嘴边的一句话就是："要对自己好一点。"她特别看不惯和自己同一时间进入幼儿园工作的涵涵，觉得她想不开，劳累命，什么事情都追求完美，简直就是没事找事，看到涵涵周末去上辅导班提升自己，更是无法理解。

美美老师尽管不断强调要对自己好，但其实却是一个内心弱小的人，只图眼前的轻松和快乐，没有看到自己真正的价值，更不愿意付出努力去实现和成就自己的价值。她的行为，更多表现出的是管不住自己。一个人管不住自己，归根结底是没有看到自己的价值，这正是一个人不能自我悦纳的表现。正如马斯洛（Abraham H. Maslow）的"需要层次理论"指出的那样，每个人都有被认可、被尊重以及自我成就的需要。真正珍爱自己的人，一定会选择不断提升自己，成就自己高层次的需要。只有接纳自己和珍爱自己的人，才能真正地充满善意地对待自己，并让自己成为那个更好的自己。

教育者的自我成就之路，是一条不断守住初心去探求教育规律的道路。和很多"风口"职业相比，教育者的奋斗更需要守住内心的寂寞。成就自我，并不是将目光锁定于外在的标志物上。很多富有进取心的幼儿教师也心怀成为"特级教师"和"专家"的目标，这无可非议。但需要提醒大家的是，这些外在的目标往往是一种自然而然、瓜熟蒂落的结果，而非功利地"孜孜以求"的成果。当教师怀着浮躁的心去计较每一次得失，过于在乎自己能否获得"成果"，到头来可能恰恰走入自我发展和教育教学的误区。相反，守住一颗朴素的教育心，认真对待每一个任务，全心培养每一个孩子，岁月自然会给予我们丰厚的馈赠。

推荐阅读

《爱心与教育》是知名教育专家李镇西的一本随笔。所谓"自己培养自己"，就是用一生的时间去寻找那个让自己惊讶的"我"，而这个"寻找"的过程是没有止境的。这本书里汇集了年轻教师成长的故事。作者语重心长地传递着一个信念——教师成长，关键在自己，要学会自己培养自己。

知识拓展

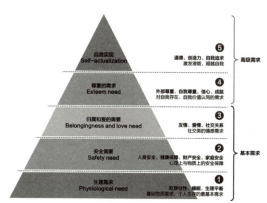

马斯洛：需求层次理论

　　人本主义心理学家马斯洛在1943年发表的《人类动机的理论》一书中提出了需求层次理论，指出人类具有5个需求层次：生理、安全、归属和爱、尊重、自我实现。其中生理需要、安全需要及归属和爱的需要是人的基本需要，尊重、自我实现是高级的需要。一般来说，五个层次是由低到高依次递进的关系，越是基础的需要，力量越大，但这个顺序并不绝对。人们也会在基本需要尚未得到满足的情况下而追求更高层次的需要。

⋮

第十章

⋮

悦纳他人，成就他人

比海洋更广阔的是天空，比天空更广阔的是人的胸怀。

——雨果

这个世界是由自我和他人构成的，成就自我让我们胸怀更博大，而悦纳他人也能够更好地成就自我。马斯洛在研究了那些自我实现了的人群后，发现他们拥有一个共性，即拥有接纳的能力。他指出，有接纳能力的人可以用孩童一般的目光，不加批判地注意和观察人与事物原本的样貌，他们不容易被偏见干扰，能对生活做出更合理的、更可行的规划。

如果说，自我的悦纳让我们坚忍，那么，对他人的悦纳则让我们心胸更加广阔。悦纳他人包括三个层次的意思：愿意敞开心扉，与他人联结；愿意包容他人，客观看待他人的优缺点；愿意提升他人和成就他人。悦纳他人不仅是一种心向，也是一种能力。幼儿教师的工作需要我们去悦纳他人，一名优秀幼儿教师的职业成长之路，也是不断培养自己悦纳他人的能力的过程。

关注他人

幼儿教师这个职业，注定是要心中有他人的，甚至需要忘我，而将他人放在世界的中央。那些优秀的幼儿教师都是忘我的。在游戏中、教学中、家园合作中，教师的心理能量是指向他人，指向孩子和家长的。

要悦纳他人，第一步是要让我们的世界中有他人，对别人保持热情和好奇。例如，我们会对学生、家长和同事感兴趣，愿意去了解他人。有些人的世界中只有自己，他们根本不在乎其他人。在狭小逼仄的心理空间里，他们只关注自己，至于其他人喜欢什么、不喜欢什么、有什么特点、心情如何，哪怕是关系很近的人，他们都意识不到。这样怎么可能做到悦纳他人呢？因此，悦纳的第一步，是我们有和人交往的心向和愿望。不排斥他人，愿意和他人联结。如果面对一个鲜活的人，我们对他丝毫没有一点儿好奇，一点也不想了解他，这意味着我们自己人际状态的麻木和冷漠。如果一个人的心中认为和他人联结是麻烦事，宁愿固守在自己的狭小世界里，那么这个人是无法实现对他人的悦纳的。

悦纳他人还要求我们对他人的想法保持开放，提升对他人的洞察，而不是仅仅透过一些表象就对他人轻易做出评判。过早的评判是我们深入了解他人的典型障碍。有时候我们会简单、武断地对他人进行评判，例如："这个孩子很老实，没有创造力。""我的这位同事我太了解了，从不吃亏，我不喜欢她这样的人。""这个家长是个很强势的人，她不会理解老师的苦心。"……其实此时，你就已经关闭了进一步了解他人的窗口。每个人的内心都是多层次和多侧面的，我们需要走出封闭和孤立的状态，先"接收"他人发出的信息，即"承认"，去感知和了解另一个人的状态。我们只要认可别人的情绪有出处，我们就可以用平和的心态去感知他人的情绪。当我们怀着谦卑和开放之心，像探索一个宝藏一样去看见别人，倾听别人的想法，了解别人的做法，我们就能真正看到他人，悦纳他人。

包容与欣赏他人

案例

在师范大学的一堂课上，教授在给未来的教师们进行讲解。他拿出一张黑纸，中间有一个白点，他问同学们看见了什么。同学们说："一片黑色上面有一个白点。"

教授又拿出一张中间有个黑点的白纸，问同学们看见了什么。全班同学盯住白纸，齐声喊道："一个黑点！"

教授说："如果将黑色比喻为缺点，将白色比喻为优点，我们大部分人，都会如看这两张纸一样，判断产生偏差。我们很难忽略他人的缺点，即使我们可以看到孩子们的优点；更加严峻的是，我们常常面对孩子们的优点，却视而不见，而是紧紧地盯住他们的不足，眼中再无其他。"

教授说完，整个教室寂静无声。

有时，面对他人的缺点和问题，我们会觉得如鲠在喉，难以接受。我们或许会拍案而起，要求对方改善；或是愤然离场，回避此人此景，眼不见心不烦。此时，我们做的仅仅是在忍耐，并没有真正包容。

　　"金无足赤，人无完人。"世界上本来就没有十全十美的人。我们如果带着完美主义的观点看待他人，往往会发现每一个人都难以交往。而如果敞开胸怀，让自己能容纳那些与自己意见不同甚至反对自己的人，去接受其他的可能性，我们会发现每个人都不容易，每个人也不简单，每个人就像一颗钻石，有着不同的层次和侧面，不能简单地下结论。当看到他人的不足时，我们不要把这一点不足看作白纸上的黑色墨迹。这样你的注意力会全部被这些不足所吸引。相反，让我们尽可能将这个人作为一个整体来进行思考，综合思考他的优点和缺点，我们才能看到一个真实的人。再完美的作品，如果我们拿着放大镜来看，看到的也都是问题，而无法欣赏它的美好。人际关系中，有人总是拿着放大镜看别人，想要让对方"原形毕露"，让对方显得一无是处。这样做的结果就是让自己无法信任他人，也交不到朋友。而如果我们用望远镜看一座远山，就能领略其巍峨连绵、层峦叠翠的美好。和人相处，往往需要更多的时间，经历更多的事情，才能有更多的理解，所以，让我们用望远镜去看人，看到一个完整的人。

　　包容不仅是一种品德，更是一种能力；不仅仅是一种发自内心的善良，更是处理人际关系和解决问题的有效方法和必要手段。于己于人于事，保持包容的心对于教师的发展都有莫大的益处。

　　于自己，包容的教师往往能够因为怀抱着对教育和对自我更美好的憧憬和希望，而不对偶然发生的问题耿耿于怀，丧失积极的期待。心如果小了，事情必然就大了；心大了，事情也就小了。

　　于他人，教师的包容也能够给他人带来美好和谐的感受。教师的内心如果是包容的，学生的天地也会因此而打开。学生能够感受到教师的宽容，因此也敢说敢做，乐于交流心中的感受，勇于表达创新的想法。教师是包容的，家长也会更加信任教师，并愿意与教师合作，形成教育合力。对同事和领导更是如此，教师的宽容可以减少人与人之间的隔阂，构建更加和谐的氛围，更好地促进师—师、师—生、生—生以及家—园之间的多元沟通和互动，让整个校园的环境都更加温暖和灵动。

　　于事情，宽容也是解决问题的一种聪明的方式。每个人都会犯错。我们通常能够理解自己所犯的错误，那么我们也要容忍他人某些非原则性的错误。如果别人一犯错，我们就上纲上线地进行批评和指责，那对方可能会感到无所适从，甚至会激起反抗之心。以宽容之心对待别人的错误，可以减少团体内耗，将所有力量指向问题本身。这才是推动问题解决最为有效的方法。

　　当然，悦纳他人不等于取悦他人，绝不是违心地让自己去赞美你不欣赏的事情，更不是放弃原则、世故圆滑地去左右逢源。真正的悦纳是一种对世情的通达和对人性的理解。作为老师，我们对待学生和家长的悦纳，绝不是容忍、回避或者取悦、讨好，而是发自内心地理解和接受他人此刻行为的原因，并用发展的视角来看待这些行为。从不足中看到成长的空间，从冲突中找到工作的契机，从问题中寻找发展的方法，帮助每一个孩子找到提升自己的路径。

成就他人，提升他人

案例

15 年前，时任云南丽江华坪县儿童福利院院长的张桂梅老师有一个梦想：建一所免费女子高中，让贫困山区的女孩都能读高中、考大学，阻断代际贫困。张桂梅在当地党委政府的支持下，在社会各界的援助下，创办了全国第一所免费女子高中——华坪县女子高中。15 年来，在校长张桂梅率领的教师团队的努力下，丽江边远山区的 2000 多名女孩从华坪县女子高中毕业，圆了大学梦。

学校创立之初，许多初中毕业的山区女孩因为家庭贫困上不了高中，被迫去打工甚至早婚。华坪女子高中为她们打开了校门，她们不仅能免费读书，还可以得到学校生活上的资助。走进女子高中的女孩们的命运从此改变，与贫困渐行渐远。许多学生家长自豪地说："我的孩子在女高读书不要钱！"

但张桂梅不满足于让山区女孩都读上高中，她期望女子高中的学生们都能上大学。她认为山区贫困的女孩们只有考上大学，才能真正改变命运。

"今年 142 个毕业生都考上大学了，孩子们实现了她们的目标，但还没有实现我的考上清华北大的目标！"虽然女子高中的高考成绩每年都在丽江市名列前茅，张桂梅还是有些遗憾，她希望山区的女孩们像城里孩子们一样，不仅能上大学，还能上最好的大学！

如今，华坪女子高中的硬件条件不断改善，教师队伍整体素质明显提升，张桂梅也先后获得"时代楷模""全国优秀共产党员""七一勋章"等多项荣誉。可她依旧凌晨 5 点起床，5 点 30 分第一个来到教学楼，为学生点亮每一盏灯，叫早、巡课、带领学生做课间操……一直忙到深夜 12 点，等学生们睡下后，她才拖着疲惫的身体回到宿舍休息。

今年高考时，张桂梅忍着病痛将参加高考的华坪女高学生送到考场，学生们进入考场后，她就在考场外静静等候。这是张桂梅第 12 年送考，放心不下学生的她，坚持要陪学生走完高中的最后时刻。

2022 年，作为党的二十大代表的张桂梅，又许下了自己的新梦想："我现在的梦想，就是希望山里的孩子，不管是男孩女孩，想读什么书就能读什么书！希望山里孩子与城里孩子的教育同步！"

真正的悦纳他人，是实现他人的成长。成就他人，实现他人的成长，是教师的本分，也是教师的最高境界。一个好老师，会成就一个班的学生，而一个好校长，能成就一个学校的孩子；而张桂梅这样的好教育工作者，她的精神滋养了多少年轻的学子奋发图强，激励了多少老师不断去成就学生。她梦想的每一步，都是能更好地成就学生、成就更多的学生。

马克斯·范梅南（Max van Manen）曾给教育学下了一个充满诗性的定义，教育学就是一种"迷恋他人成长的学问"。迷恋这个词特别传神，表达了人们对于美好事物专注而强烈的爱。当一个孩子沉迷于探索和游戏中，流连忘返、忘乎所以时，我们看到了孩子的迷恋；当教师满眼期待和满怀笑意地凝望着孩子专注于游戏或者某一个活动时，我们也能感受到教师的迷恋。当看见幼儿能够在游戏中掌握新的技能、形成新的领悟、获得新的成长，教育者的初心就得到了呼应，这种成就他人的幸福感是教师所拥有的独特情感。教师的使命就是帮助每一个学生将自己的潜能充分发挥出来，让每个学生得到最大限度的发展。能爬到100米高度的，绝不能让他停在99米的高度，这也是对教师使命的最佳诠释。当我们把提升和成就他人看作自己的使命时，我们也达到了一个更高的境界。

《孩子玩手机，家长怎么办》

朱煦 / 著

10余年家庭教育咨询经验，几千个真实案例，79篇精心书写的千字文

资深媒体人、家庭教育咨询顾问**朱煦**老师力作

直指家长的教育痛点，为迷茫家长指路支招！

《培养孩子从画画开始（珍藏版）1》
《培养孩子从画画开始（珍藏版）2）

[日]鸟居昭美 / 著　　　于群 / 译

没有不喜欢画画的孩子，只有不会引导的父母

日本著名儿童教育专家、画家**鸟居昭美**经典力作

一套让家长相见恨晚、受益匪浅的亲子教育书
带你读懂孩子的涂鸦，把握孩子成长的每一步！

《中国纯美儿歌精品选》

谭旭东 / 选编

230首儿童文学作家原创儿歌，引导孩子快速迈入语文学习的大门

鲁迅文学奖、冰心儿童图书奖获奖作家**谭旭东**作品

收录几代儿歌作家呵护童心之作！